VOYAGES

DE

DÉCOUVERTE

AU

CANADA,

ENTRE LES ANNÉES 1534 ET 1542,

PAR

JACQUES QUARTIER, LE SIEUR DE ROBERVAL,
JEAN ALPHONSE DE XANCTOIGNE, &c.

SUIVIS

DE LA DESCRIPTION DE QUÉBEC ET DE SES ENVIRONS EN
1608, ET DE DIVERS EXTRAITS RELATIVEMENT AU LIEU
DE L'HIVERNEMENT DE JACQUES QUARTIER EN 1535-36.

(AVEC GRAVURES FAC-SIMILE.)

REIMPRIMÉS SUR D'ANCIENNES RELATIONS, ET PUBLIÉS

SOUS LA DIRECTION

DE LA SOCIÉTÉ LITTÉRAIRE ET HISTORIQUE DE QUÉBEC.

QUÉBEC:

IMPRIMÉ CHEZ WILLIAM COWAN ET FILS.

1843.

AVERTISSEMENT.

~~~~~~~~~~

LA Société Littéraire et Historique de Québec croit devoir rendre compte des motifs qui l'ont engagé à entreprendre la réimpression des trois voyages de JACQUES QUARTIER en 1534, 1535 et 1540, ainsi que des autres documents compris dans ce volume, qui est le troisième que cette Société publie sur l'histoire des premiers temps du Canada.

Les relations du célèbre navigateur malouin, imprimées de son temps en France sont entièrement épuisées, du moins dans la langue où elles furent d'abord écrites. Le récit de son deuxième voyage fut publié à Paris en 1545, et à Rouen en 1598, mais la Société n'en a pu découvrir aucun exemplaire, après avoir fait faire beaucoup de recherches à cet égard. L'éditeur de l'édition de Rouen dit qu'il l'avait traduite d'une relation *en langue étrangère*, probablement de celle qu'on voit dans le 3ᵉ tome de la collection des voyages par RAMUSIO, Venise, 1556. On en conclut que les voyages de Quartier en français, avaient déjà disparu en 1595.

LESCARBOT, dans son histoire de la Nouvelle-France, nous donne bien les parties essentielles des deux premières relations de Quartier, mais par extraits détachés et répandus dans différents endroits de son ouvrage, qui d'ailleurs est devenu extrêmement rare.

Il existe à la bibliothèque royale de Paris trois exemplaires manuscrits du deuxième voyage, qui s'accordent sur tous les faits principaux, et dont l'un paraît dater du milieu du 16ᵉ siècle : on croit que celui-ci est l'original même de Quartier. La Société s'en était procuré une copie, qui a été soigneusement collationnée avec les deux autres manuscrits, et ensuite avec Lescarbot et Ramusio : c'est cette copie dont elle offre au pays la réimpression. La Société fera remarquer en outre, que ce deuxième voyage est précédé d'une version exacte de la célèbre épitre dédicatoire, adressée par Jacques Quartier à FRANÇOIS I, et que l'on croit avoir été composée par BELLEFOREST, historiographe de l'époque ; cette pièce copiée sur l'original même, contient un passage remarquable que Lescarbot a cru néanmoins devoir supprimer lorsqu'il a inséré ce document dans son Histoire de la Nouvelle-France.

Le troisième voyage est traduit de HACKLUYT (*Hackluyt's Collection of Early Voyages, Travels, and Discoveries. London,* 1810.), seul endroit où l'on ait pu le rencontrer, encore n'est-ce qu'un fragment très-incomplet. Lescarbot, Champlain et Ramusio ne font aucune mention de cette pièce, qui leur était sans doute inconnue.

Ces documens si précieux pour l'histoire des premiers commencemens de la Nouvelle-France, sont suivis du " Routier de JEAN ALPHONSE," premier pilote de ROBERVAL (en 1542), qui décrit le cours du fleuve St. Laurent depuis le détroit de Belle-Isle jusques " au Fort de France Roy " (vers le Cap Rouge), et du voyage que fit Roberval lui-même au Canada en 1542. On y a joint deux lettres traduites de Hackluyt, sur la découverte des Saults qui sont au-dessus de Hochelaga.

On a aussi ajouté deux autres documens, accompagnés de deux esquisses -*fac-simile*, tirés d'une ancienne et rare édition des voyages de Champlain (Paris, 1613). Le dernier de ces documens surtout, fournit des renseignemens curieux sur l'ancienne topographie de QUEBEC et de ses environs, et, à l'aide des notes qu'on y a ajoutées, il sera facile de reconnaître la plupart des localités auxquelles M. DE CHAMPLAIN avait imposé des noms qui, depuis plus de deux siècles, étaient perdus ou ignorés.

Enfin, la Société a lieu de croire qu'on ne lira pas sans intérêt les extraits et les notes qui les accompagnent, sur le lieu précis où Quartier bâtit un fort pour mettre sa flotille en sûreté pendant le rude hiver qu'il fut obligé de passer au milieu des aborigènes du Canada.

LES

TROIS VOYAGES

DE

JACQUES QUARTIER

AU CANADA,

EN

1534, 1535 ET 1540.

DISCOURS DU VOYAGE FAIT PAR LE CAPITAINE JACQUES QUARTIER EN LA TERRE DU CANADA, DITE NOUVELLE FRANCE, EN L'AN MIL CINQ CENT TRENTE-QUATRE.

Chapitre I.

Comme le Capitaine Jacques Quartier partit avec deux Navires de St. Malo, et comme il arriva en la Terre Neufve appelée la Nouvelle France, et entra au Port de Bonnévue.

Après que Messire Charles De Mouy, Sieur de la Meilleraye et Vice-Amiral de France eut fait jurer les Capitaines, Maitres et Compagnons des Navires, de bien et fidèlement se comporter au service du Roy très-chrétien, sous la charge du Capitaine Jacques Quartier, nous partîmes le vingtième d'Avril en l'an mil cinq cens trente-quatre du Port de Saint Malo avec deux Navires de charge, chacun d'environ soixante tonneaux, et armé de soixante et un hommes, et navigames avec tel heur que le dixième de May nous arrivames à la Terre-Neuve, en-laquelle nous entrames par le Cap de *Bonne-Vue*, (‡) lequel est au quarante-huitième dégré et demi de latitude. Mais pour la grande quantité de glaces qui étoit le long de cette terre, il nous fût besoin d'entrer dans un port que nous nommames de *Sainte Catherine*, (*) distant cinq lieuës du port susdit vers le Su-Suest ; là nous y arrêtames dix jours attendans la commodité du temps, et ce pendant nous équipames et appareillames nos barques.

Chapitre II.

Comme nous arrivames en l'Isle des Oiseaux, et de la grande quantité d'Oiseaux qui s'y trouvent.

Le vingt-unième de May fimes voile, ayant vent d'Ouest, et tirames vers le Nord depuis le Cap de *Bonne-Vue* jusqu'à l'*Ile des Oiseaux*, (†) laquelle étoit entièrement environnée de glaces, qui toutefois étoit rompue et divisée en pièces ; mais nonobstant cette glace nos barques ne laissérent d'y aller pour avoir des oiseaux, desquels il y a si grand nombre que c'est chose incroyable à qui ne le voit, parceque combien que

(‡) *Bonavista*, sur la Côte Est de Terreneuve.
(*) Où Havre de *Catalina*.
(†) Isle désignée aujourd'hui dans les cartes marines sous le nom de *Funk Island*.

cette Ile (laquelle peut avoir une lieue de circuit) en soit si pleine, qu'il
semble qu'ils y soient expressément apportés, et presque comme semés :
néanmoins, il y en a cent fois plus à l'entour d'icelle, et en l'air que dedans ; desquels les uns sont grands comme Pics, noirs et blancs, ayant
le bec de Corbeau : ils sont toujours en mer, et ne peuvent voler haut,
d'autant que leurs ailes sont petites, point plus grandes que la moitié de
la main, avec lesquelles toutefois ils volent de telle vitesse à fleur d'eau,
que les autres oiseaux en l'air.   Ils sont excessivement gras, et étoient
appelés par ceux du païs *Apponath*, (*) desquels nos deux barques se
chargèrent en moins de demie heure, comme l'on auroit pu faire de
cailloux ; de sorte qu'en chaque navire, nous en fîmes saler quatre ou
cinq tonneaux, sans ceux que nous mangeames frais.

Chapitre III.

De deux espèces d'Oiseaux—l'une appelée *Godets*, l'autre *Margaux* ; et comme nous arrivâmes à Carpunt.

En outre, il y a une autre espèce d'oiseaux qui volent haut dans l'air,
et à fleur d'eau, lesquels sont plus petits que les autres, et sont appelés
Godets. (†) Ils s'assemblent ordinairement en cette Ile, et se cachent sous
les ailes des grands.   Il y en a aussi d'une autre sorte, (mais plus grands
et blancs) séparés des autres en un Canton de l'Ile, et sont très-difficiles
à prendre, parcequ'ils mordent comme chiens, et les appeloient *Margaux* ; et bien que cette Ile soit distante quatorze lieuës de la grande
terre, néanmoins les Ours y viennent à nâge, pour y manger de ces
oiseaux, et les nôtres y en trouvèrent un, grand comme une vache, blanc
comme un Cygne, lequel saûta en mer devant eux, et le lendemain de
Pâques qui étoit en May, voyageant vers la terre, nous le trouvâmes à
moitié chemin nageant vers icelle aussi vite que nous allions à la voile ;
mais l'ayant apperçu lui donhames la chasse par le moyen de nos barques,
et le prîmes par force.   Sa chair était aussi bonne et délicate à manger
qu'un bouveau.   Le Mercredi ensuivant qui étoit le vingt-septième du
dit mois de May, nous arrivames à la bouche du *Golfe des Châteaux* ; (‡)
mais pour la contrariété du temps, et à cause de la grande quantité de
glaces, il nous fallut entrer dans un port qui étoit aux environs de cette
embouchure, nommé *Carpunt*, (¶) auquel nous demeurames sans pou-

----

(*) Les Acadiens les appellent Barricadières.
(†) Maintenant connus sous le nom de *Godes*.
(‡) Le *Détroit de Belle Isle*.
(¶) Ou *Quirpont*.

voir sortir, jusqu'au neuvième de Juin, que nous partimes de là pour passer outre ce lieu de *Carpunt*, lequel est au cinquante-unième dégré de latitude.

Chapitre IV.

Description de la Terre Neuve, depuis le Cap Rasé jusqu'à celui de Degrad.

La terre depuis le *Cap Rasé* jusqu'à celui de *Degrad* (*) fait la pointe de l'entrée de ce Golfe qui regarde de Cap à Cap vers l'Est, Nord et Sud; toute cette partie de terre est faite d'Iles situées l'une auprès l'autre, si qu'entre icelles n'y a que comme petits fleuves, par lesquels l'on peut aller et passer avec petits bateaux, et là y a beaucoup de bons ports, entre lesquels sont ceux de *Carpunt* et *Degrad*. En l'une de ces Iles, la plus haute de toutes, l'on peut étant deboût, clairement voir les deux Iles basses près le *Cap Rasé*, duquel lieu l'on compte vingt-cinq lieuës jusqu'au port de *Carpunt*, et là y a deux entrées, l'une du côté de l'Est, l'autre du Sud; mais il faut prendre garde du côté d'Est, parcequ'on n'y voit que bancs et eaux basses, et faut aller à l'entour de l'Ile vers l'Ouest, la longueur d'un demi cable, ou peut moins, qui veut, puis tirer vers le Sud pour aller au susdit *Carpunt*; et aussi l'on doit se garder de trois bancs qui sont sous l'eau, et dans le Canal; et vers l'Ile du côté de l'Est, y a fond au Canal de trois ou quatre brasses, l'autre entrée regarde l'Est; et vers l'Ouest l'on peut mettre pied à terre.

Chapitre V.

De l'Isle nommée à présent de Ste. Catherine.

Quittant la pointe de *Degrad*, à l'entrée du Golfe susdit, à la volte d'Ouest, l'on doute de deux Iles qui restent au côté droit, desquelles l'une est distante trois lieuës de la pointe susdite, et l'autre sept, ou plus ou moins, de la première, laquelle est une terre plate et basse, et semble qu'elle soit de la grande terre. J'appellay cette Ile du nom de *Sainte Catherine*, (†) en laquelle vers l'Est, y a un païs sec et mauvais terroir environ un quart de lieuë; pour ce est-il besoin faire un peu de circuit. En cette Ile est le *Port des Châteaux* (‡) qui regarde vers le Nord-

(*) Ou *De Grat.*
(†) Une Isle appelée aujourd'hui *Belle Isle* dans le Détroit du même nom.
(‡) Entre *Belle Isle* et la côte de Labrador.

Nord-Est, et le Su-Sur-Ouest, et y a distance de l'un à l'autre environ quinze lieuës. Du susdit *Port des Châteaux* jusqu'au *Port des Gouttes,*(¶) qui est la terre du Nord du Golfe susdit qui regarde l'Est-Nord d'Est, et l'Ouest Sur-Ouest, y a distance de douze lieuës et demie, et est à deux lieuës du *Port des Balances* ; (*) et se trouve qu'en la tierce partie du travers de ce Golfe y a trente brasses de fond à plomb, et de ce *Port des Balances* jusqu'au *Blanc-Sablon* il y'a vingt-cinq lieuës vers l'Ouest-Sur-Ouest. Et faut remarquer que du côté du Sur-Ouest de *Blanc-Sablon,* l'on voit par trois lieuës un banc, qui paraît dessus l'eau ressemblant à un bateau.

Chapitre VI.

Du lieu nommé Blanc-Sablon, de l'Isle de Brest, et de l'Isle aux Oiseaux, la sorte et quantité qui s'y trouvent, et du Port nommé les Islettes.

Blanc-Sablon est un lieu où il n'y a aucun abry du Sud, ni du Sud-Est, mais vers le Sud Sur-Ouest de ce lieu, il y a deux Isles, l'une desquelles est appellée l'*Ile de Brest*, (†) et l'autre l'*Ile des Oiseaux*, (‡) en laquelle il y a grande quantité de *Godets* et *Corbeaux* (§) qui ont le bec et les pieds rouges, et font leurs nids en des trous sous terre comme Connils. Passé un Cap de terre distant d'une lieuë de *Blanc-Sablon,* l'on trouve un port et passage appellé les *Ilettes,* (a) qui est le meilleur lieu de *Blanc-Sablon,* et où la pêche est fort grande. De ce lieu des *Ilettes* jusqu'au *Port de Brest,* (b) y a dix huit lieuës de circuit : et ce Port est au cinquante-unième dégré cinquante-cinq minutes de latitude. Depuis les Ilettes jusqu'à ce lieu il y a plusieurs Iles ; et le *Port de Brest* est même entre les Iles, lesquelles l'environnent de plus de trois lieuës, et les Iles sont basses, tellement qu'on peut voir par dessus icelles les terres susdites.

Chapitre VII.

Comme nous entrâmes au Port de Brest, et comme tirans vers Ouest, passames au milieu des Isles, lesquelles sont en si grand nombre qu'il n'est possible de les compter.

Le dixième jour du susdit mois de Juin, entrames dans le *Port de Brest* pour avoir de l'eau et du bois, et pour nous apprêter de passer

---

(¶) Aujourd'hui *Baie Verte.*
(*) Aujourd'hui *Baie Rouge* sur la côte de Labrador.
(†) Aujourd'hui l'*Isle au Bois* sur la côte de Labrador.
(‡) L'*Isle Verte* sur la côte de Labrador.
(§) Ils sont connus aujourd'hui sous le nom de Cormorans. Ils sont presque aussi gros qu'un Dinde, et plongent jusqu'à cinq brasses et plus, pour enlever un Hareng ou un Maquereau.
(a) Aujourd'hui *Hâvre de Labrador.*
(b) Baie du *Vieux Fort,* sur la côte de Labrador.

outre ce Golfe. Le jour de Saint Barnabé après avoir ouï la messe, nous tirames outre ce port vers Ouest, pour découvrir les ports qui y pouvoient être ; nous passames par le milieu des Isles, lesquelles sont en si grand nombre qu'il n'est possible de les compter, parcequ'elles continuent dix lieues outre ce port. Nous demeurames en l'une d'icelles pour y passer la nuit, et y trouvames quantité d'œufs de Cannes, (*) et d'autres oiseaux qui y font leurs nids, et les appellames toutes en général *les Isles.*

Chapitre VIII.

Des Ports de St. Antoine, de St. Servain, de Jacques Quartier ; du Fleuve appellé St. Jacques ; des Coutumes et Vestements des habitants, et de l'Isle de Blanc Sablon.

Le lendemain nous passames outre ces Isles, et au bout d'icelles trouvames un bon Port que nous appelames de *St. Antoine,* (†) et une ou deux lieues plus outre nous découvrimes un petit fleuve fort profond vers le Sur-Ouest, lequel est entre deux autres terres, et y a là un bon port. Nous y plantames une croix, et l'appelames le *Port St. Servain :*(‡) et du côté du Sur-Ouest de ce port et fleuve se trouve, à environ une lieuë, une petite Isle ronde comme un fourneau, environnée de beaucoup d'autres petites, lesquelles donnent la connaissance de ces ports. Plus outre à deux lieuës, il y a un autre bon fleuve plus grand, auquel nous péchames beaucoup de Saumons, et l'appelames le *Fleuve de Saint Jacques.*(¶) Etant en ce fleuve nous avisames une grande Nave, qui était de la Rochelle, laquelle avait la nuit précédente passé outre le Port de *Brest,* où ils pensoient aller pour pêcher, mais les mariniers ne savoient où étoit le lieu. Nous nous accostames d'eux, et nous mimes ensemble en un autre port, qui est plus vers Ouest, environ une lieuë plus outre que le susdit fleuve de *Saint Jacques,* lequel j'estime être un des meilleurs ports du monde, et fut appellé le *Port de Jacques Quartier.* (§) Si la terre correspondoit à la bonté des ports, ce serait un grand bien, mais on ne la doit point appeller terre, ains plutot cailloux, et rochers sauvages, et lieux propres aux bêtes farouches : d'autant qu'en toute la terre devers le Nord, je n'y vis pas tant de terre qu'il en pourroit tenir dans un

(*) Ce sont des œufs d'un oiseau appelé Moignae, par les voyageurs de Labrador.
(†) Baie des *Homards* sur la côte de Labrador.
(‡) Aujourd'hui *Rocky Bay* sur la côte de Labrador.
(¶) Aujourd'hui *Baie de Nepetepec* sur la côte de Labrador.
(§) Aujourd'hui *Baie de Shecatica* sur la côte de Labrador.

benneau ; et là toutefois je descendis en plusieurs lieux ; et en l'Isle de
Blanc-Sablon n'y a autre chose que mousse, et petites épines et buissons
çà et là séchez et demi-morts. Et en somme, je pense que cette terre est
celle que Dieu donna à Caïn. Là on y voit des hommes de belle taille
et grandeur, mais indomtés et sauvages. Ils portent les cheveux liés
au sommet de la tête, et étreints comme une poignée de foin, y mettans
au travers un petit bois, ou autre chose, au lieu de clou, et y tient
ensemble quelques plumes d'oiseaux. Ils sont vêtus de peaux d'animaux,
aussi bien les hommes que les femmes, lesquelles sont toutefois percluses
et renfermées en leurs habits, et ceintes par le milieu du corps, ce que
ne sont pas les hommes : ils se peignent avec certaines couleurs rouges.
Ils ont leurs barques faites d'écorces d'arbre de Boul, qui est un
arbre ainsi appellé au païs, semblable à nos chênes, avec lesquels
ils pêchent grande quantité de Loups-marins. Et depuis mon retour,
j'ai entendu qu'ils ne faisoient pas là leur demeure, mais qu'ils y
viennent des païs plus chauds par terre, pour prendre de ces Loups, et
autres choses pour vivre.

Chapitre IX.

De quelques promontoires, à savoir : du Cap Double, Cap Royal, Cap de Lait ; des
Monts des Catannes, des Isles Colombaires, et d'une grande pêcherie de
Morües.

Le treizième jour du dit mois, nous retournames à nos navires pour
faire voile, pour ce que le temps était beau, et le Dimanche fimes dire
la Messe.(*) Le Lundi suivant qui étoit le quinzième, partimes outre le
Port de *Brest*, et primes notre chemin vers le Sud, pour avoir connaissance des terres que nous avions apperçues, qui sembloient faire deux
Iles. Mais quand nous fumes environ le milieu du Golfe, connûmes
que c'étoit terre ferme, où étoit un gros Cap double l'un dessus l'autre,
et à cette occasion l'appellames *Cap Double.* (†) Au commencement du
Golfe nous sondames le fond, et le trouvames de cent brasses de
tous côtés. De *Brest* au *Cap Double* y a distance d'environ vingt lieües,
et à cinq lieues de là, nous sondames aussi le fond, et le trouvames de
quarante brasses. Cette terre regarde le Nord-est Sur-Ouest. Le

(*) Il est certain qu'aucun Ecclésiastique n'a accompagné Quartier, soit dans ce
premier voyage, soit dans les autres qu'il fit subséquemment en Canada. On doit
donc entendre par ce passage, que les prières ou l'Office de la Messe furent seulement
dites ou récitées.

(†) C'est la *Pointe Riche* au *Port à Choix*, sur la côte Ouest de Terreneuve.

Jour ensuivant qui était le seizième de ce mois, nous navigames le long
de la côté par Sur-Ouest et quart de Sud, environ trente-cinq lieuës loin
du *Cap Double*, et trouvames des montagnes très-hautes et sauvages,
entre lesquelles l'on voyoit je ne sçay quelles petites cabannes, et pour ce
les appellames *Les Montagnes des Cabannes* (*) ; les autres terres et
montagnes sont taillées, rompuës et entre-coupées, et entre icelles et la
mer, y en a d'autres basses. Le jour précédent pour le grand brouillas
et obscurité du temps, nous ne pumes avoir connoissance d'aucune terre,
mais le soir il nous apparut une ouverture de terre ressemblante à une
embouchure de rivière, qui était entre ces monts des Cabannes. Et y
avait là un Cap vers Sur-Ouest éloigné de nous environ trois lieues, et
ce Cap en son sommet est sans pointe tout à l'entour, et en bas vers la
mer il finit en pointe, et pour ce il fut appellé le *Cap Pointu*. (†) Du
côté du Nord de ce Cap, il y a une Ile plate. Et d'autant que nous
désirions avoir connoissance de cette embouchure pour voir s'il y avoit
quelque bon port, nous mimes la voile bas pour y passer la nuit. Le
jour suivant qui était le dix-septième du dit mois, nous courumes fortune
à cause du vent de Nordest, et fumes contraints mettre la cauque souris
et la cappe, et cheminames vers Sur-Ouest jusqu'au jeudi matin, et fîmes
environ trente-sept lieuës : et nous nous trouvames au milieu de plusieurs
Iles rondes comme Colombiers, et pour ce leur donnames le nom de
Colombaires.

Le Golfe *Saint Julien* (‡) est distant sept lieues d'un Cap nommé
Royal, (¶) qui reste vers le Sud et un quart de Sur-Ouest. Et vers
l'Ouest Sur-Ouest de ce Cap, y en a un autre, lequel audessous est tout
entre-rompu, et est rond audessus. Du côté du Nord il y a une Ile
basse à environ demi-lieuë ; et ce Cap fut appellé le *Cap de Lait*. (§) Entre
ces deux Caps il y a de certaines terres basses, sur lesquelles il y en a encore d'autres, qui démontre bien qu'il y doit avoir des fleuves. A deux
lieues du *Cap Royal*, l'on y trouve fond de vingt brasses, et y a la plus
grande pécherie de grosses Morues qu'il est possible de voir, desquelles
nous en primes plus de cent en moins d'une heure, en attendant la
Compagnie.

(*) Les hautes terres au Sud de la Baie d'*Ingornachoix*, sur la côte Ouest de
Terreneuve.
(†) Aujourd'hui *Cow Head* ou *Tête de Vache* sur la côte Ouest de Terreneuve.
(‡) Aujourd'hui *Bonne Baie* sur la côte Ouest de Terreneuve.
(¶) Aujourd'hui le *Cap Nord de la Baie des Iles*, sur la côte Ouest de Terreneuve.
(§) Aujourd'hui la *Pointe Sud de la Baie des Iles*, sur la côte Ouest de Terreneuve.

Chapitre X.

De quelques Isles entre le Cap Royal et le Cap de Lait.

Le lendemain qui était le dix-huitième du mois, le vent devint contraire et fort impétueux, en sorte qu'il nous fallut retourner vers le *Cap Royal*, pensans y trouver port ; et avec nos barges allames découvrir ce qui était entre le *Cap Royal* et le *Cap de Lait* : et trouvames que sur les terres basses y a un grand Golfe très-profond, dans lequel il y a quelques Iles, et ce Golfe est clos et fermé du côté du Sud. Ces terres basses font un des côtés de l'entrée, et le *Cap Royal* est de l'autre côté, et s'avancent les dites terres basses plus de demie lieuë dans la mer. Le païs est plat, et consiste en mauvaise terre : et par le milieu de l'entrée il y a une Ile : et en ce jour ne trouvames point de port, et pour ce, la nuit nous retirames en mer, après avoir tourné le Cap à l'Ouest.

Chapitre XI.

De l'Isle St. Jean.

Depuis le dit jour jusqu'au vingt-quatrième du mois qui était la fête de Saint Jean, fumes battus de la tempête et du vent contraire ; et survint telle obscurité que nous ne pumes avoir connaissance d'aucune terre jusques au dit jour Saint Jean, que nous découvrimes un Cap qui restoit vers Sur-Ouest, distant du *Cap Royal* environ trente-cinq lieuës : mais en ce jour le brouillas fut si épais, et le temps si mauvais, que nous ne peumes approcher de terre. Et d'autant qu'en ce jour l'on célébrait la fête de Saint Jean Baptiste, nous le nommames le *Cap de Saint Jean.* (*)

Chapitre XII.

Des Iles de Margaux, et des espèces d'oiseaux et Animaux qui s'y trouvent ; de l'Isle de Brion, et du Cap du Dauphin.

Le lendemain qui étoit le vingt-cinquième, le temps fut encore fâcheux, obscur et venteux, et navigames une partie du jour vers Ouest et Nord-Ouest, et le soir nous prîmes le travers jusqu'au second quart que nous partimes de là, et pour lors nous connumes par le moyen de notre quadran que nous étions vers Nord-Ouest et un quart d'Ouest,

(*) Aujourd'hui le *Cap à l'Anguille* sur la côte Ouest de Terreneuve.

éloignés de sept lieuës et demie du *Cap Saint Jean*, et comme nous voulumes faire voile, le vent commença à souffler du Nord-Ouest, et pour ce tirames vers Su-Est quinze lieuës, et approchames de trois Iles, desquelles y en avoit deux petites droites comme un mur, en sorte qu'il étoit impossible d'y monter dessus, et entre icelles il y a un petit écueil. Ces Iles étoient plus remplies d'oiseaux que ne seroit un pré d'herbe, lesquels faisoient là leurs nids, et en la plus grande de ces Iles il y en avoit un monde de ceux que nous appellions *Margaux* qui sont blancs et plus grands qu'Oysons, et étoient séparez en un Canton, et en l'autre part y avoit des *Godets*, mais sur le rivage y avoit de ces *Godets* et grands *Apponats* semblables à ceux de cette Ile dont nous avons fait mention. Nous descendimes au plus bas de la plus petite, et tuames plus de mille *Godets* et *Apponats*, et en mimes tant que voulumes en nos barques, et en eussions pu en moins d'une heure remplir trente semblables barques. Ces Iles furent appellées du nom de *Margaux.* (*) A cinq lieuës de ces Iles il y avoit une autre Ile du côté de l'Ouest qui a environ deux lieuës de longueur et autant de largeur : là nous passames la nuit pour avoir de l'eau et du bois. Cette Ile est environnée de Sablon, et autour d'icelle y a une bonne source de six ou sept brasses de fond. Ces Iles sont de meilleure terre que nous eussions oncques vues, en sorte qu'un champ d'icelles vaut plus que toute la Terre-Neuve. Nous la trouvames pleine de grands arbres, de prairies, de campagnes pleines de froment sauvage, et de pois qui étoient fleuris aussi épais et beaux comme l'on eut pu voir en Bretagne, qui sembloient avoir été semés par des laboureurs. L'on y voyoit aussi grande quantité de raisins ayant la fleur blanche dessus, des fraises, roses incarnates, persil, et d'autres herbes de bonne et forte odeur. A l'entour de cette Ile il y a plusieurs grandes bêtes comme grands bœufs, qui ont deux dents en la bouche comme d'un Eléphant, et vivent mêmes en la mer. (†) Nous en vimes une qui dormoit sur le rivage, et allames vers elle avec nos barques pensans la prendre, mais aussitôt qu'elle nous ouit elle se jetta en mer. Nous y vimes semblablement des Ours et des Loups. Cette Ile fut appellée l'*Ile de Brion*.(‡) En son contour y a de grands marais vers Su-Est et Nor-Ouest. Je crois par ce que j'ai pu comprendre, qu'il y ait quelque passage entre la Terre-Neuve et la terre de *Brion*. (¶) S'il

(*) Isles aux Oiseaux.
(†) Ce sont les Vaches Marines.
(‡) La même Isle de *Brion* d'aujourd'hui, traisemblablement ainsi nommée par Quartier en l'honneur de l'Amiral de France d'alors, le Vicomte Chabot, Seigneur de *Brion*, sous la protection duquel Quartier avoit entrepris ce voyage de découverte.
(¶) C'est le passage d'aujourd'hui entre le Cap Ray et le Cap Breton, que Quartier ne paraît avoir découvert qu'au retour de son deuxième voyage au Canada.

B

on étoit ainsi, ce seroit pour raccourcir le temps et lé chemin, pourvu
que l'on pu trouver quelque perfection en ce voyage.(*) A quatre
lieuës de cette Ile est la terre fermé vers Ouest Sur-Ouest, laquelle
semble être comme une Ile environnée d'Ilettes de sable noir. Là il
y a un beau Cap que nous appellames le *Cap Dauphin*,(†) pour ce que
là est le commencement des bonnes terres.

Le vingt-septième de Juin nous circuimes ces terres qui regardent
vers Ouest-Sur-Ouest, et paroissent de loin comme Collines ou Montagnes de Sablon, bien que ce soient terres basses et de peu de fond.
Nous n'y pumes aller, et moins y descendre, d'autant que le vent nous
étoit contraire; et ce jour nous fimes quinze lieuës.

Chapitre XIII.
De l'Isle d'Alezay, et du Cap St. Pierre.

Le lendemain allames le long des dites terres environ dix lieuës jusqu'à
un Cap de terre rouge qui est roide et coupé comme un Roc, dans
lequel on voit un entre-deux qui est vers le Nord, et est un pais fort
bas ; et y a aussi comme une petite plaine entre la mer et un étang, et
de ce Cap de terre et étang, jusqu'à un autre Cap qui paroissoit, y a
environ quatorze lieuës, et la terre se fait en façon d'un demi cercle
tout environnée de sablon comme une fosse sur laquelle l'on voit des
marais et étangs aussi loin que se peut étendre l'œil. Et avant que d'arriver au premier Cap l'on trouve deux petites Iles assez près de terre. A
cinq lieuës du second Cap il y a une Ile vers Sur-Ouest qui est très-haute
et pointue, laquelle fut nommée *Alezay* : (‡) le premier Cap fut appellé
de *Saint Pierre*,(¶) parceque nous y arrivames au jour et fête du dit
Saint.

Chapitre XIV.
Du Cap d'Orléans, du Fleuve des Barques, du Cap des Sauvages, et de la qualité et température de ces pays.

Depuis *L'Isle de Brion* jusqu'en ce lieu y a bon fond de sablon, et
ayant sondé également vers Sur-Ouest jusqu'à en approcher de cinq lieuës
de terre nous trouvames vingt-cinq brasses, et à une lieuë près, douze
brasses, et près du bord six plus que moins, et bon fond. Mais

---

(*) La perfection que cherche Jacques Quartier est de trouver un passage pour
aller par là en Orient.—*L'Escarbot.*

(†) C'est un des Caps des Isles de la Magdeleine que Quartier parait avoir pris pour
la terre ferme.

(‡) Une des Isles de la Magdeleine.

(¶) Autre Cap des Isles de la Magdeleine.

parce que nous voulions avoir plus grande connoissance de ces fonds pierreux pleins de roches, mimes les voiles bas et de travers. Et le lendemain pénultième du mois, le vent vint du Su et quart de Sur-Ouest, allames vers Ouest jusqu'au Mardi matin, dernier jour du mois, sans connoitre et moins découvrir aucune terre, excepté que vers le soir nous apperçumes une terre qui sembloit faire deux Iles qui demeuroit derrière nous vers Ouest et Sur-Ouest à environ neuf ou dix lieuës. Et ce jour allames vers Ouest jusqu'au lendemain lever du soleil quelques quarante lieuës : et faisant ce chemin connuimes que cette terre qui nous étoit apparue comme deux Iles, étoit la terre ferme située au Sur-Ouest et Nord Nor-Ouest jusqu'à un très-beau Cap de terre nommé le *Cap d'Orléans.* Toute cette terre est basse et plate, et la plus belle qu'il est possible de voir, pleine de beaux arbres et prairies : il est vrai que nous n'y pumes trouver de port, par ce qu'elle est entièrement pleine de bancs et de sables. Nous descendimes en plusieurs lieux avec nos barques, et entre autres nous entrames dans un beau fleuve de peu de fond, et pour ce, fut appellé le *Fleuve des Barques* (*) : d'autant que nous vimes quelques barques d'hommes sauvages qui traversoient le fleuve, et n'eumes autre connoissance de ces sauvages, parce que le vent venoit de mer et chargeoit la côte, si bien qu'il nous fallut retirer vers nos navires. Nous allames vers Nord-Est jusqu'au lever du soleil du lendemain premier Juillet, auquel temps s'éleva un brouillas et tempête, à cause de quoi nous abaissames les voiles jusques à environ deux heures avant midi, que le temps se fit clair, et que nous apperçumes le *Cap d'Orléans,* avec un autre qui en étoit éloigné de sept lieuës vers le Nord un quart de Nord-Est, qui fut appellé *Cap des Sauvages.* Du côté du Nord-Est de ce Cap, à environ demie lieue, il y a un banc de pierre très-périlleux. Pendant que nous étions près de ce Cap, nous apperçumes un homme qui couroit derrière nos barques qui alloit le long de la côte, et nous faisoit plusieurs signes que nous devions retourner vers ce Cap. Nous, voyans tels signes commençames à tirer vers lui, mais nous voyans venir, se mit à fuir. Etant descendus en terre mimes devant lui un couteau, et une ceinture de laine sur un bâton : ce fait nous retournames à nos navires. Ce jour nous allames tournoyans cette terre, neuf ou dix lieuës, cuidahs trouver quelque bon port, ce qui ne fût possible, d'autant que comme j'ai déja dit, toute cette terre est basse, et est un païs environné de bancs et de sablons. Néanmoins, nous descendimes ce jour en quatre lieux pour

(*) On pense que c'est la rivière de Miramichi.

voir les arbres qui y étoient très-beaux, et de grande odeur, et
trouvames que c'étoient Cedres, Ifs, Pins, Ormeaux, Frenes, Saulx,
et plusieurs autres à nous inconnus, tous néanmoins sans fruit. Les
terres où il n'y a point de bois sont très-belles, et toutes pleines de pois,
de raisin blanc et rouge ayant la fleur blanche dessus, de fraises, mures,
froment sauvage, comme seigle, qui semble y avoir été semé et labouré,
et cette terre est de meilleure température qu'aucune qui se puisse voir
et de grande chaleur ; l'on y voit une infinité de Grives, Ramiers et
autres oiseaux ; en somme, il n'y a faute d'autre chose que de bons ports.

Chapitre XV.

Du Golfe nommé St. Lunaire, et autres Golfes notables et Caps de terre, et de la qualité et bonté de ces pays.

Le lendemain second de Juillet, nous découvrimes et apperçumes la
terre du côté du Nord à notre opposite, laquelle se joignoit avec celle
ci-devant dite. Après que nous l'eumes circuite tout autour, trouvames
qu'elle contenoit en rondeur ..... de profond, et autant de diametre.
Nous l'appellames le *Golfe Saint Lunaire*, et allames au Cap avec
nos barques vers le Nord, et trouvames le pais si bas, que par l'espace
d'une lieüe il n'y avoit qu'une brasse d'eau. Du côté vers Nord-Est
du Cap sus-dit, environ sept ou huit lieües, y avoit un autre Cap de terre,
au milieu desquels est un golfe en forme de triangle qui a très-grand
fond de tant que pouvions étendre la vue d'icelui ; il restoit vers le
Nord-Est. Ce golfe est environné de sablons et lieux bas par dix lieües,
et n'y a plus de deux brasses de fond. Depuis ce Cap jusqu'à la rive de
l'autre Cap de terre y a quinze lieües. Etant au travers de ces Caps,
découvrimes une autre terre et Cap qui restoit au Nord un quart de
Nord-Est pour tant que nous pouvions voir. Toute la nuit le temps
fut fort mauvais et venteux, si bien qu'il nous fut besoin mettre la Cappe
de la voile jusques au lendemain matin troisième de Juillet que le vent
vint d'Ouest, et fimes porter vers le Nord pour connoitre cette terre qui
nous restoit du côté du Nord et Nord-Est sur les terres basses, entre
lesquelles basses et hautes terres, étoit un grand golfe et ouverture de
cinquante-cinq brasses de fond en quelques lieux, et large environ quinze
lieües. Pour la grande profondité et largeur et changement des terres,
eumes espérance de pouvoir trouver passage comme le passage des *Châ-*
teaux. Ce golfe regarde vers l'Est-Nord-Est, Ouest, Sur-Ouest. Le
terroir qui est du côté du Sud de ce Golfe, est aussi bon et beau à cul-

tiver et plein de belles campagnes et prairies que nous ayons vu, tout
plat comme seroit un lac ; et celui qui est vers Nord est un païs haut
avec montagnes hautes pleines de forêts, et de bois très-hauts et gros de
diverses sortes. Entre autres, il y a des très-beaux Cèdres et Sapins,
autant qu'il est possible de voir, et bons à faire mâts de navires de plus de
trois cens tonneaux, et ne vîmes aucun lieu qui ne fut plein de ces bois,
excepté en deux places que le païs étoit bas, plein de prairies, avec deux
très-beaux lacs. Le mitan de ce golfe est au quarante-huitième degré
et demi de latitude.

Chapitre XVI.

Du Cap d'Espérance et du lieu St. Martin, et comme les Barques d'hommes Sauvages approchèrent de nos Barques, et ne se voulans retirer furent espouvantés
de quelques coups de passe-volans et de nos dards, et comme ils s'enfuirent à
grande hâte.

Le Cap de cette terre du Sud fut appellé *Cap d'Espérance*, pour
l'espérance que nous avions d'y trouver passage. Le quatrième jour de
Juillet allames le long de cette terre du côté du Nord pour trouver
port, et entrames en un petit port et lieu tout ouvert vers le Sud, où n'y
a aucun abri pour ce vent, et trouvames bon appeller le lieu *Saint
Martin*, et demeurames là depuis le quatrième de Juillet jusques au
douzième. Et pendant le temps que nous étions en ce lieu, allames le
Lundi sixième de ce mois, après avoir ouï la Messe, avec une de nos
barques pour découvrir un Cap et pointe de tere, qui en étoit éloigné sept
ou huit lieues du Côté d'Ouest, pour voir de quel côté se tournoit cette
terre ; et étant à demie-lieuë de la pointe, apperçumes deux bandes de
barques d'hommes Sauvages qui passoient d'une terre à l'autre, et étoient
plus de quarante ou cinquante barques, desquelles une partie approcha de
cette pointe, et sauta en terre un grand nombre de ces gens faisans grand
bruit, et nous faisoient signe qu'allassions à terre, montrans des peaux
sur quelques bois ; mais d'autant que nous n'avions qu'une seule barque
nous n'y voulumes aller, et navigames vers l'autre bande qui étoit en
mer. Eux nous voyans fuir, ordonnèrent deux de leurs barques les plus
grandes pour nous suivre, avec lesquelles se joignirent ensemble cinq
autres de celles qui venoient du côté de mer, et tous s'approchèrent de
notre barque sautans et faisans signes d'allégresse, et de vouloir amitié,
disans en leur langue, *Na peu ton damen assur tah*, et autres paroles
que nous n'entendions. (*) Mais par ce que, comme nous avons dit,

(*) Belleforest interprète ceci : " Nous voulons avoir ton amitié." Je ne sçai d'où il
l'a pris, mais aujourd'hui ils ne parlent plus ainsi.—*L'Escarbot*.

nous n'avions qu'une seule barque, nous ne voulumes nous fier en leurs
signes, et leur donnames à entendre qu'ils se retirassent, ce qu'ils ne
voulurent faire, ains venoient avec une si grande furie vers nous, qu'aussitôt ils environnèrent notre barque avec les sept qu'ils avoient. Et parce
que pour signes que nous fissions ils ne se vouloient retirer, lâchames
deux passe-volans sur eux, dont épouvantés retournèrent vers la susdite
pointe faisans très-grand bruit, et demourés là quelque peu, commencèrent derechef à venir vers nous comme devant, en sorte qu'étant
approchés de la barque, décochames deux de nos dards au milieu d'eux,
ce qui les épouvanta tellement, qu'ils commencèrent à fuir en grand'hate,
et n'y voulurent onc plus revenir.

Chapitre XVII.

**Comme ces Sauvages venàns vers nos Navires, et les notres venans vers les leurs,
descendirent les uns et les autres en terres ; et comme les Sauvages se mirent à trafiquer en grande allégresse avec les notres.**

Le lendemain, partie de ces Sauvages vinrent avec neuf de leurs
barques à la pointe et entrée du lieu, d'où nos navires étoient partis.
Et étant avertis de leur venue, allames avec nos barques à la pointe où
ils étoient, mais sitôt qu'ils nous virent ils se mirent en fuite, faisans signe
qu'ils étoient venus pour trafiquer avec nous, montrant des peaux de peu
de valeur, dont ils se vètent. Semblablement nous leur faisions signe
que ne leur voulions point de mal, et en signe de ce, deux des nôtres
descendirent en terre pour aller vers eux, et leur porter couteaux et
autres ferremens avec un chapeau rouge pour donner à leur Capitaine.
Quoi voyans descendirent aussi à terre portans de ces peaux, et commencèrent à trafiquer avec nous, montrans une grande et merveilleuse
allégresse d'avoir de ces ferremens et autres choses, dansans toujours et
faisans plusieurs cérémonies, et entre autres ils se jettoient de l'eau de
mer sur leur tête avec les mains : Si bien qu'ils nous donnèrent tout ce
qu'ils avoient, ne retenans rien ; de sorte qu'il leur fallut s'en retourner
tout nuds, et nous firent signe qu'ils apporteroient d'autres peaux.

Chapitre XVIII.

**Comme après que les notres eurent envoyé deux hommes en terre avec des marchan-
dises, vinrent 300 Sauvages en grande joie ; de la qualité de ce pays, de ce qu'il
produit, et du Golfe de la Chaleur.**

Le Jeudi huitième du du dit mois, par ce que le vent n'étoit bon pour sortir hors avec nos navires, appareillames nos barques pour aller découvrir ce Golfe, et courumes en ce jour vingt-cinq lieuës dans icelui. Le lendemain ayant bon temps navigames jusqu'à midi, auquel temps nous eumes connoissance d'une grande partie de ce golfe, et comme sur les terres basses il y avoit d'autres terres avec hautes montagnes. Mais voyans qu'il n'y avoit point de passage, commençames à retourner faisans notre chemin le long de cette côte, et navigames, vimes des Sauvages qui étoient sur le bord d'un lac qui est sur les terres basses, lesquels Sauvages faisoient plusieurs feux. Nous allames là et trouvames qu'il y avoit un Canal de mer qui entroit en ce lac, et mimes nos barques en l'un des bords de ce Canal. Les Sauvages s'approchèrent de nous avec une de leurs barques, et nous apportèrent des pièces de Loups-marins cuites, lesquelles ils mirent sur des boises, et puis se retirèrent nous donnant à entendre qu'ils nous les donnoient. Nous envoyames des hommes en terre avec des mitaines, (*) couteaux, chapelets, et autres marchandises, desquelles choses ils se réjouirent infiniment, et aussitôt vinrent tout à coup au rivage où nous étions, avec leurs barques, apportans peaux et autres choses qu'ils avoient pour avoir de nos marchandises, et étoient plus de trois cens tant hommes que femmes et enfans. Et voyons une partie des femmes qui ne passèrent, lesquelles étoient jusques aux genoux dans la mer, sautans et chantans. Les autres qui avoient passé là où étions venoient privément à nous frottans leurs bras avec leur mains, et après les haussoient vers le ciel, sautans et rendans plusieurs signes de réjouissance, et tellement s'assurèrent avec nous qu'enfin ils trafiquoient de main à main de tout ce qu'ils avoient, en sorte qu'il ne leur resta autre chose que le corps tout nud, par ce qu'ils donnèrent tout ce qu'ils avoient, qui étoit chose de peu de valeur. Nous connumes que cette gent se pourroit aisément convertir à notre Foy. Ils vont de lieu en autre, vivans de la pêche. Leur païs est plus chaud que n'est l'Espagne,(†) et le plus beau qu'il est possible de voir, tout egal et uni, et n'y a lieu si petit où n'y ait des arbres, combien que ce soient sablons, et où il n'y ait du froment sauvage, qui a l'épie comme le seigle, et le grain comme de l'avoine, et des pois aussi épais comme s'ils y avoient semés et cultivés, du raisin blanc avec la fleur blanche dessus, des fraises, mures, roses rouges et blanches, et autres fleurs de plaisante, douce et agréable odeur.

(*) Selon Hakluyt qui a traduit cette relation en Angleis " Mitaines " signifiaient " Hachots, " ou " petites Haches. "

(†) L'auteur s'est ici équivoqué, ou a voulu faire règle perpétuelle d'un accident de chaleur ; car le Golfe étant au 48e dégré et demie, ne peut être si chaud mêmement en ce païs là.—*L'Escarbot.*

Aussi il y a là beaucoup de belles prairies, et bonnes herbes et lacs, où il y a grande abondance de Saumons. Ils appellent une mitaine en leur langue *Cocht*, et un couteau *Bacon*. Nous appellames ce Golfe, *Golfe de Chaleur*.(*)

Chapitre XIX.

D'une autre Nation de Sauvages ; de leurs coustumes et de leurs manières, tant de leur vivre que du vestement.

Etans certains qu'il n'y avait aucun passage par ce Golfe, fîmes voile et partîmes de ce lieu de *Saint Martin*, le Dimanche douzième de Juillet pour découvrir outre ce golfe, et allames vers Est le long de cette côte environ dix-huit lieües jusques au *Cap du Pré*, où nous trouvames le flot très-grand et fort peu de fond, la mer courroucée et tempétueuse, et pour ce il nous fallut retirer à terre entre le Cap susdit et une Ile vers Est à environ une lieuë de ce Cap, et là nous mouillames l'ancre pour icelle nuit. Le lendemain matin fîmes voile en intention de circuir cette côte, laquelle est située vers le Nord et Nord-Est, mais un vent survint si contraire et impétueux qu'il nous fut nécessaire retourner au lieu d'où nous étions partis, et là demeurames tout ce jour jusques au lendemain que nous fîmes voile, et vinmes au milieu d'un fleuve éloigné cinq ou six lieües du *Cap du Pré*, et étant au travers du fleuve, eumes de rechef le vent contraire avec un grand brouillas et obscurité, tellement qu'il nous fallut entrer en ce fleuve le Mardi quatorzième du mois, et nous y demeurames à l'entrée jusqu'au seizième attendans le bon temps pour pouvoir sortir. Mais en ce seizième, jour qui étoit le Jeudi, le vent crût en telle sorte qu'un de nos navires perdit une ancre, et pour ce nous fut besoin passer plus outre en ce fleuve quelques sept ou huit lieües pour gagner un bon port où il y eût bon fond, lequel nous avions été découvrir avec nos barques ; et pour le mauvais temps, tempête et obscurité qu'il fit, demeurames en ce port jusqu'au vingt-cinquième sans pouvoir sortir. Cependant, nous vimes une grande multitude d'hommes sauvages qui pêcholent des tombes, (†) desquels il y a grande quantité ; ils étoient environ quelques quarante barques et tant en hommes, femmes qu'enfans, plus de deux cens, lesquels après qu'ils eurent quelque peu conversé en terre avec nous, venoient privément au bord de nos navires avec leurs barques. Nous leur donnions

---

(*) Aujourd'hui *La Baie des Chaleurs*.
(†) Hakluyt dans sa traduction dit, que ce sont des Maquereaux.

des couteaux, chapelets de verre, peignes, et autres choses de peu de
valeur dont ils se réjouissoient infiniment, levans les mains au Ciel,
chantans et dansans dans leurs barques. Ceux-ci peuvent être vraiment
appellés Sauvages, d'autant qu'il ne se peut trouver gens plus pauvres
au monde, et crois que tous ensemble n'eussent pu avoir la valeur de
cinq sols, excepté leurs barques et rets. Ils n'ont qu'une petite peau
pour tout vêtement, avec laquelle ils couvrent les parties honteuses du
corps, avec quelques autres vieilles peaux dont ils se vêtent à la
mode des Egyptiens. Ils n'ont ni la nature, ni le langage des premiers
que nous avons trouvez. Ils portent la tête entièrement rase, hormis
un floquet de cheveux au plus haut de la tête, lequel ils laissent
croître long comme une queue de cheval qu'ils lient sur la tête avec des
aiguillettes de cuir. Ils n'ont autre demeure que dessous ces barques,
lesquelles ils renversent, et s'étendent sous icelles sur la terre sans
aucune couverture. Ils mangent la chair presque crue, et la chauffent
seulement la moins du monde sur les charbons ; le même est du poisson.
Nous allames le jour de la Madelaine avec nos barques au lieu où ils
étoient sur le bord du fleuve, et descendimes librement au milieu d'eux,
dont ils se réjouirent beaucoup, et tous les hommes se mirent à chanter
et danser en deux ou trois bandes, et faisans grands signes de joie pour
notre venue. Ils avoient fait fuir les jeunes femmes dans les bois, hormis
deux ou trois qui étoient restées avec eux, à chacune desquelles
donnames un peigne et clochette d'étain, dont elles se réjouirent beaucoup, remercians le Capitaine et lui frottans les bras et la poitrine avec
leurs propres mains. Les hommes voyans que nous avions fait quelques
présens à celles qui étoient restées, firent venir celles qui s'étoient
réfugiées au bois, afin qu'elles eussent quelque chose comme les autres ;
elles étoient environ vingt femmes, lesquelles toutes en un monceau se
mirent sur ce Capitaine, le touchans et frottans avec les mains selon
leur coutume de caresser, et donna à chacune d'icelles une clochette
d'étain de peu de valeur, et incontiment commencèrent à danser ensemble
disans plusieurs chansons. Nous trouvames là, grande quantité de
Tombes qu'ils avoient prises sur le rivage avec certains rets faits exprès
pour pêcher, d'un fil de chanvre qui croît en ce païs où ils font leur
demeure ordinaire, pour ce qu'ils ne se mettent en mer qu'au temps qui
est bon pour pêcher, comme j'ai entendu. Semblablement croît aussi
en ce païs du mil gros comme pois, pareil à celui qui croît au Brésil,
dont ils mangent au lieu de pain, et en avoient abondance, et l'appellent
en leur langue *Kapaige*. Ils ont aussi des prunes qu'ils sèchent comme
nous faisons pour l'hiver, et les appellent *Honesta*, même ont des figues,

c

noix, pommes et autres fruits, et des fèves qu'ils nomment *Saha*; les noix *Caheya*; les figues........; les pommes.........Si on leur montroit quelque chose qu'ils n'ont point, et qu'ils ne pouvoient sçavoir ce que c'étoit, branlans la tête, ils disoient *Nohda*, qui est à dire, qu'ils n'en ont point, et ne savent que c'est. (*) Ils nous montroient par signe le moyen d'accoutrer les choses qu'ils ont, et comme elles ont coutume de croître. Ils ne mangent aucune chose qui soit salée, et sont grands larrons, et dérobent tout ce qu'ils peuvent.

Chapitre XX.

Comme les nôtres plantèrent une grande Croix sur la Pointe de l'entrée du Port, et comme le Capitaine de ces Sauvages étant enfin appaisé par un long pourparler avec notre Capitaine, accorda que deux de ses enfans allassent avec luy.

Le vingt-quatrième jour de Juillet, nous fîmes faire une Croix haute de trente pieds, et fut faite en la présence de plusieurs d'iceux sur la pointe de l'entrée de ce port, au milieu de laquelle mîmes un écusson relevé avec Trois Fleurs-de-Lis, et dessus etoit écrit en grosses lettres entaillées en du bois, " VIVE LE ROY DE FRANCE." Et après, la plantames en leur présence sur la dite pointe, et la regardoient fort, tant lors qu'on la faisoit que quand on la plantoit. Et l'ayans levée en haut, nous nous agenouillions tous, ayans les mains jointes, l'adorans à leur vue, et leur faisons signe, regardans et montrans le Ciel, que d'icelle dépendoit notre Rédemption : de laquelle chose ils s'émerveillèrent beaucoup se tournans entreux, puis regardans cette croix. Mais étans retournés en nos Navires, leur Capitaine vint avec une Barque à nous, vêtu d'une vieille peau d'Ours noir, avec ses trois fils et un sien frère, lesquels ne s'approchèrent si près du bord comme ils avoient accoutumé, et y fit une longue harangue montrans cette croix, et faisans le signe d'icelle avec deux doigts. Puis il montroit toute la terre des environs, comme s'il eut voulut dire qu'elle étoit toute à lui, et que nous n'y devions planter cette Croix sans son congé. Sa harangue finie, nous lui montrames une mitaine feignans de lui vouloir donner en échange de sa peau, à quoi il prit garde, et ainsi peu à peu s'accosta du bord de nos Navires ; mais un de nos compagnons qui étoit dans le bateau, mit la main sur sa barque, et à l'instant sauta dedans avec deux ou trois, et le contraignirent aussitôt d'entrer en nos Navires, dont ils furent tout étonnés. Mais le Capitaine les assura qu'ils n'auroient

----

(*) Le langage de ces peuples a changé, car aujourd'hui ils ne parlent point ainsi.
Lescarbot.

aucun mal, leur montrant grand signe d'amitié, les faisans boire et
manger avec bon accueil. En après leur donna-t-on à entendre par
signes, que cette Croix étoit là plantée, pour donner quelque marque
et connoissance pour pouvoir entrer en ce port, et que nous y voulions
retourner en bref, et qu'apporterions des ferremens et autres choses, et
que désirions mener avec nous deux de ses fils, et qu'en après nous retournerions en ce port. Et ainsi nous fîmes vêtir à ses fils à chacun
une chemise, un Sayon de couleur, et une toque rouge, leur mettant
aussi à chacun une chaîne de laiton au col, dont ils se contentèrent fort,
et donnèrent leurs vieux habits à ceux qui s'en retournoient. Puis
fîmes présent d'une mitaine à chacun des trois que nous renvoyames et
de quelques couteaux ; ce qui leur apporta grande joie : iceux étans
retournés à terre, et ayans raconté les nouvelles aux autres, environ sur
le midi vinrent à nos Navires six de leur barques ayans à chacune cinq
ou six hommes qui venaient dire adieu à ceux que nous avions retenus, et leur apportèrent du poisson, et leur tenoient plusieurs paroles
que nous n'entendions point, faisans signe qu'ils n'ôteroient point cette
croix.

Chapitre XXI.

Comme estans hors du Port susdit, cheminans derrière cette Coste, allasmes pour chercher la Terre qui est située vers Su-Est et Nord-Ouest.

Le lendemain, étant le vingt-cinquième jour du mois, se leva un bon
vent, et nous mîmes hors du port. Etant hors du fleuve susdit, tirames
vers Est-Nord-Est, d'autant que près de l'embouchure de ce fleuve,
la terre fait un circuit, et fait un golfe en forme d'un demi-cercle, en
sorte que de nos Navires nous voyons toute la côte, derrière laquelle
nous cheminames, et nous mîmes à chercher la terre située vers Ouest
et Nor-Ouest, et y avait un autre pareil golfe distant vingt lieues du
dit fleuve.

Chapitre XXII.

Des Caps St. Louis et de Montmorency, et de quelques autres Terres ; et comme une de nos barques ayant heurtée contre un écueil ne laissa de passer outre.

Nous allames donc le long de cette terre qui est, comme nous avons
dit, située au Su-Est et Nor-Ouest, et deux jours après nous vîmes un

autre Cap où la terre commence à se tourner vers l'Est, et allames le
long d'icelle quelque seize lieues, et de là cette terre commence à tourner vers le Nord, et à trois lieues de ce Cap y a fond de vingt-quatre
brasses de plomb. Ces terres sont plattes, et les plus découvertes de
bois que nous ayons encore pú voir : il y a de belles prairies et campagnes très-vertes. Ce Cap fut nommé *Cap de Saint Louis*, pour ce
qu'en ce jour l'on célébroit sa fête, et est au quarante-neuvième dégré et
demi de latitude, et de longitude..... Ce jour au matin, nous
étions vers l'Est de ce Cap, et allames vers Nor-Ouest pour approcher
de cette terre, étant presque nuit, et trouvames qu'elle regardoit le
Nord et le Sud. Depuis ce *Cap de Saint Louis* jusques à un autre,
nommé le *Cap de Montmorenci*, y a quelques quinze lieues, la terre
commence à tourner vers Nor-Ouest. Nous voulumes sonder le fond
à trois lieues près de ce Cap ; mais nous ne le pumes trouver avec cent
cinquante brasses, et pour ce allames le long de cette terre environ dix
lieues jusqu'à la latitude de cinquante dégrés.

Le Samedi ensuivant étant le premier jour d'Août, au lever du Soleil
connumes et vimes d'autres terres qui nous restoient du côté du Nord et
Nord-Est, lesquelles étoient très-hautes et coupées, et sembloient être
montagnes, entre lesquelles il y avoient d'autres terres basses ayans bois
et rivières. Nous passames autour de ces terres tant d'un côté que
d'autre tirans vers Nor-Ouest, pour voir s'il y avoit quelque Golfe ou bien
quelque passage. D'une terre à l'autre y a environ quinze lieues, et le
mitan est au cinquante et un tiers dégré de latitude, et nous fut très-
difficile de pouvoir faire plus de cinq lieues à cause de la marée qui nous
étoit contraire et des grands vents qui y sont ordinairement. Nous ne
passames outre les cinq lieues d'où l'on voyoit aisément la terre de part en
part, laquelle commence là à s'élargir. Mais d'autant que nous ne faisions
autre chose qu'aller et venir selon le vent, nous tirames pour cette raison
vers la terre pour tâcher de gâgner un Cap vers le Sud, qui étoit le
plus loin et le plus avancé en mer que nous pussions découvrir, et étoit
distant de nous environ quinze lieues ; mais étans proches de là, trouvames que c'étoient rochers, pierres et écueils, ce que nous n'avions encore point trouvé aux lieux où nous avions été auparavant vers le Sud,
depuis le *Cap Saint Jean* ; et pour lors étoit la marée qui nous portoit
contre le vent vers l'Ouest. De manière que navigans le long de cette
côte, une de nos barques heurta contre un écueil, et ne laissa de passer
outre, mais il nous fallut tous sortir hors pour la mettre à la marée.

Chapitre XXIII.

Comme ayant consulté ce qui estoit le plus expédient de faire, nous délibérâmes notre retour; du Détroit de St. Pierre, et du Cap de Tiennot.

Ayans navigué le long de cette côte environ deux heures, la marée survint avec telle impétuosité qu'il ne nous fut jamais possible de passer avec treize avirons outre la longueur d'un jet de pierre; si bien qu'il nous fallut quitter les barques et y laisser partie de nos gens pour la garde, et marcher par terre quelque dix ou douze lieuës jusqu'à ce Cap, où nous trouvames que cette terre commence là à s'abaisser vers Sur-Ouest. Ce qu'ayans vus, et étans retournés à nos barques, revinmes à nos navires qui étoient ja à la voile qui pensoient toujours pouvoir passer outre : mais ils étoient avallés à cause du vent de plus de quatre lieuës du lieu où nous les avions laissés, ou étans arrivés fimes assembler tous les Capitaines, mariniers, maitres et compagnons pour avoir l'avis et conseil de ce qui étoit le plus expédient à faire. Mais après qu'un chacun eut parlé, l'on considéra que les grands vents d'Est commençoient à régner et devenir violents, et que le flot étoit si grand que nous ne faisions plus que ravaller, et qu'il n'étoit possible pour lors de gâgner aucune chose : même que les tempêtes commençoient à s'élever en cette saison en la Terre-Neuve, que nous étions de lointain païs, et ne savions les hazards et dangers du retour, et pour ce qu'il étoit temps de se retirer, ou bien s'arrêter là pour tout le reste de l'année. Outre cela, nous discourions en cette sorte : que si un changement de vent de Nord nous surprenoit, il ne seroit possible de partir. Lesquels avis ouïs et bien considérés, nous firent entrer en délibération certaine de nous en retourner. Et pour ce que le jour de la fête de Saint Pierre nous entrames en ce Détroit, nous l'appellames à cette occasion *Détroit de Saint Pierre*, (*) où ayant jeté la sonde en plusieurs lieux, trouvames en aucun cent cinquante brasses, autres cent, et près de terre, soixante avec bon fond. Depuis ce jour jusqu'au Mercredi nous eumes vent à souhait, et circuimes la dite terre du côté du Nord, Est-Sud-Ouest, Ouest et Nor-Ouest : car telle est son assiette, hormis la longueur d'un Cap de terres basses qui est plus tourné vers Su-Est, éloigné à environ vingt-cinq lieuës du dit détroit. En ce lieu nous vimes de la fumée qui étoit faite par les gens de ce païs au-dessus de ce Cap, mais pour ce que le vent ne cingloit vers la côte nous ne les accostames point, et eux voyans que nous n'approchions d'eux, douze de leurs hommes virrent à nous avec deux barques, lesquels s'accostèrent aussi librement de nous

(*) Le Détroit entre le Cap Gaspé et l'Isle d'Anticosti.

comme si ce fussent été François, et nous donnèrent à entendre qu'ils venoient du grand Golfe, et que leur Capitaine était un nommé *Tiennot*, lequel étoit sur ce Cap, faisans signe qu'ils se retiroient en leur païs, d'où nous étions partis, et étoient chargés de poisson. Nous appellames ce Cap, *Cap de Tiennot.* (*)   Passé ce Cap toute la terre est posée vers l'Est-Su-Est, Ouest, Nor-Ouest, et toutes ces terres sont basses, belles, et environnées de sablons, près de mer, et y a plusieurs marais et bancs par l'espace de vingt lieuës, et en après la terre commence à se tourner d'Ouest à Est, et Nord-Est, et est entièrement environnée d'Iles éloignées de terre deux ou trois lieuës.   Et ainsi, comme il nous semble, il y a plusieurs bancs périlleux plus de quatre ou cinq lieuës loin de la terre.

Chapitre XXIV.

Comme le 9me jour d'Août nous entrasmes dans Blanc-Sablon, et 5me de Septembre arrivasmes au Port de St. Malo.

Depuis le Mercredi susdit, jusqu'au Samedi nous eumes un grand vent de Sur-Ouest qui nous fit tirer vers l'Est-Nord-Est, et arrivames ce jour là à la terre d'Est en la *Terre-Neuve*, entre les Cabannes et le *Cap Double.* Ici commença le vent d'Est avec tempête et grande impétuosité ; et pour ce nous tournames le Cap au Nor-Ouest et au Nord, pour aller voir le côté du Nord, qui est comme nous avons dit, entièrement environné d'Iles, et étans près d'icelles le vent se changea et vint du Sud, lequel nous conduit dans le golfe, si bien que par la grâce de Dieu nous entrames le lendemain qui étoit le neuvième Août dans *Blanc-Sablon*, et voilà tout ce que nous avons découvert.

En après le quinzième Août, jour de l'Assomption de Notre-Dame, nous partimes de *Blanc-Sablon* après avoir ouï la Messe, et vinmes heureusement jusqu'au mitan de la mer qui est entre la *Terre-Neuve* et la Bretagne, auquel lieu nous courumes grande fortune pour les vents d'Est, laquelle nous supportames par l'aide de Dieu, et du depuis eumes fort bon temps, en sorte que le cinquième jour de Septembre de l'année susdite, nous arrivames au port de Saint Malo d'où nous étions partis.

(*) Probablement le *Mont Joli* d'aujourd'hui.

LE LANGAGE DE LA TERRE NOUVELLEMENT DESCOUVERTE, APPELLEE NOUVELLE-FRANCE.

DIEU,	....	Le Cuivre,	CAQUEDAZE.
Le Soleil,	ISNEZ.	Les Sourcils,	ANSCE.
Les Etoiles,	SUROEZ.	Une Plume d'oiseau,	ICO.
Le Ciel,	CAMET.		
Le Jour,	....	La Lune,	CASMOGAN.
La Nuit,	AÏGLA.	La Terre,	CONDA.
L'Eau,	AME.	Le Vent,	CANUT.
Le Sable,	ESTOGAZ.	La Pluie,	ONNOSCON.
Une Voile,	AGANIE.	Du Pain,	CACACOMY.
La Teste,	AGONAZE.	La Mer,	AMET.
Le Gosier,	CONGUEDO.	Un Navire,	CASAOMY.
Le Nez,	HEHONGUESTO.	Un Homme,	UNDO.
Les Dents,	HESANGUE.	Les Cheveux,	HOCHOSCO.
Les Ongles,	AGETASCU.	Les Yeux,	IGATA.
Les Pieds,	OCHEDASCO.	La Bouche,	HECHE.
Les Jambes,	ANOUDASCO.	Les Oreilles,	HONTASCO.
Un homme mort,	AMOCDAZA.	Les Bras,	AGESCU.
Une Peau,	AÏONASCA.	Une Femme,	ENRASESCO.
Cet homme,	ICA.	Un homme malade,	ALOUEDECHE.
Un Hachot,	ASOGNE.	Des Souliers,	ATTA.
Une Morue,	GADAGOURSERE.	Une peau pour couvrir les parties honteuses de l'homme,	OUSCOZONUONDICO.
Bon à manger,	QUESANDE.		
La Chair,	....		
Des Amendes,	ANOUGAZA.		
Des Figues,	ASCONDA.	Du Drap rouge,	CAHONETA.
De l'Or,	HEYOSCO.	Un Couteau,	AGOHEDA.
Les parties honteuses,	ASSÉGNEGA.	Un Maquereau,	AGEDONETA.
		Des Noix,	CAHEYA.
Une Flèche,	CACTA.	Des Prunes,	HONESTA.
Un Arbre vert,	HAUEDA.	Des Febves,	SAHE.
Un Plat de terre,	UNDACO.	Une Espée,	ACHESCO.
Un Arc,	....		

FIN DU PREMIER VOYAGE.

SECONDE NAVIGATION FAITE PAR LE COMMANDEMENT ET VOULOIR DU
TRES-CHRETIEN ROY FRANÇOIS, PREMIER DE CE NOM, AU PARA-
CHEVEMENT DE LA DECOUVERTURE DES TERRES OCCIDENTALES
ESTANTES SOUZ LE CLIMAT ET PARALLELES DES TERRES ET ROY-
AUME DUDIT SEIGNEUR, ET PAR LUI PRECEDENTÉMENT JA COM-
MENCE'ES A FAIRE DECOUVRIR ; ICELLE NAVIGATION FAITE PAR
JACQUES QUARTIER, NATIF DE SAINT MALO, DE L'ILE EN BRETAGNE,
PILOTE DUDIT SEIGNEUR, EN L'AN MIL CINQ CENT TRENTE-CINQ.

AU ROY TRES-CHRETIEN,

   " Considerant, ô mon tres-redouté Prince, les grands biens et dons
" de grace qu'il a pleu à Dieu le Createur faire à ses creatures, et entre
" les autres de mettres et asseoir le Soleil, qui est la vie et connoissance
" de toutes icelles, et sans lequel nul ne peut fructifier ni générer en
" lieu et place là où il a son mouvement et déclinaison contraire, et non
" semblable aux autres planetes, par lesquels mouvement et déclinaison
" toutes créatures étantes sur la terre en quelque lieu et place qu'elles
" puissent être en ont ou en peuvent avoir en l'an dudit Soleil, qui est
" trois cens soixante-cinq jours et six heures, autant de vuë oculaire les
" uns que les autres par ses rais et réverbérations, ni la division des jours
" et nuits en pareille égalité, mais suffit qu'il est de telle sorte et tant tem-
" péramment, que toute la terre est, ou peut etre habitée en quelque
" zone, climat ou parallele que ce soit ; et icelle avec les eaues, arbres,
" herbes, et toutes autres créatnres de quelque genre ou espèce qu'elles
" soient, par l'influence d'icelui Soleil donner fruits et générations selon
" leurs natures pour la vie et nourriture des créatures humaines. Et
" si aucuns vouloient dire le contraire de ce que dessus, en allégant le
" dict des sages Philosophes du temps passé, qui ont écrit et fait division
" de la terre par cinq zones, dont ils on dit et affermé trois inhabi-
" tables ; c'est à sçavoir : la zone Torride, qui est entre les deux Tro-
" piques, ou solstices, pour la grandè chaleur et réverbération du Soleil,
" qui passe par le zénit de ladite zone ; et les deux zones Arctique, et An-
" tarctique pour la grande froideur qui est en icelles, à-cause du peu d'élé-
" vation qu'elles on dudit Soleil, et autres raisons : je confesse qu'ils ont
" écrit à la maniere, et croy fermement qu'ilz le pensoient ainsi, et qu'ilz
" le trouvoient par aucunes raisons naturelles là où ilz prenoient leur fon-

" dement, et d'icelles se contentoient seulement, sans aventurer, ni mettre
" leurs personnes aux dangers ésquels ils eussent peu enchoir à cher-
" cher l'expérience de leur dire. Mais je diray pour ma replique, que
" le Prince d'iceux Philosophes a laissé parmi ses écritures un bref mot
" de grande conséquence, qui dit que *Experientia est rerum magistra :*
" par l'enseignement duquel, j'ay osé entreprendre d'addresser à la veuë
" de votre Majesté Royale celui propos et manière de prologue de ce
" mien petit labeur. Car, suivant vôtre Royal commandement, les
" simples mariniers de present non ayans eu tant de crainte d'eux
" mettre en l'aventure d'iceux perils et dangers qu'ils ont eu, et ont désir
" de vous faire tres-humble service à l'augmentation de la très sainte Foy
" Chrétienne, ont connu le contraire de cette opinion des dits Philosophes
" par vraye experience. J'ay allegué ce que devant, pour ce que je
" regarde, que le Soleil qui chacun jour se leve à l'Orient et se recouche
" à l'Occident, faisant le tour et circuit de la terre, donnant lumière et
" chaleur à tout le monde en vingt-quatre heures, qui est un jour na-
" turel. A l'exemple de quoy je pense en mon simple entendement, et
" sans autre raison y alléguer, qu'il pleut à Dieu par sa divine bonté que
" toutes humaines créatures étantes et habitantes sur le globe de la
" terre, ainsi qu'elles ont veuë et connoissance d'icelui Soleil, ayent eu,
" et ayent pour le temps à venir connoissance et créance de nôtre sainte
" Foy. Car premierement, icelle nôtre très-sainte Foy a été semée et
" plantée en la Terre-sainte qui est en l'Asie, à l'Orient de nôtre Eu-
" rope : et depuis par succession de temps apportée et divulguée jus-
" ques à nous. Et finalement, en l'Occident de nôtre dite Europe à
" l'exemple dudit Soleil portant sa clarté et chaleur d'Orient en Occi-
" dent, comme dit est. Et pareillement, avons vuë icelle nostre très-
" Sainte Foy par plusieurs fois, à l'occasion des méchans herétiques et
" faulx législateurs, éclipsée en aucuns lieux, et depuis soudainement
" relever et monstrer sa clarté plus appertement qu'auparavant : Et
" maintenant encore à présent, voyons comme les méchans Luthériens
" de jour en autre s'éfforcent d'icelle obombiller et finalement du tout
" esteindre, si Dieu et les vrais supports d'icelle n'y donnaient ordre
" par mortelle justice, ainsi qu'on voit faire chacun jour en vos pays
" et Royaulmes par bon ordre et police qui y avez mis ; pareillement
" audit Royaume voit-on former au contraire d'iceux enfans de Satan,
" les princes Chrestiens et vrais pilliers de l'église Catholique, s'effor-
" çant de jour en autre d'icelle augmenter, et accroistre, ainsi qu'à fait
" le Catholique Roy d'Espagne ès terres qui par son commandement
" ont esté descouvertes à l'Occident de ses pays et Royaulmes ; les-

" quelles auparavant nous estoient incogneues, estranges hors de nostre
" foy Chrestienne, comme : La Neuve Espagne, L'Isabelle, Terre
" ferme, et autres Isles où on a trouvé innumérables peuples qui ont
" esté baptisés et réduits à nostre très-sainte Foy.

" Et maintenant en la présente Navigation faite par Votre Royal
" Commandement, en la descouverte des terres Occidentalles estantés
" souls le climat et paralleles de nos pays et Royaulmes non aupara-
" vant à vous ni à nous congneus, pourrez voir et savoir la bonté et fer-
" tilité d'icelles, l'innumérable quantité des peuples y habitans, la bonté,
" paisibleté d'iceulx, et pareillement la fécondité du grand fleuve qui dé-
" court et arrouse le parmi d'icelles vos terres, qui est le plus grand sans
" comparaison qu'on sache jamais avoir veu. Lesquelles choses donnent
" à ceulx qui les ont veues, certaine espérance de l'augmentation fu-
" ture de notre très-sainte foy, de vos Seigneuries et nom très-Chres-
" tien, ainsi qu'ils vous plaira veoir par ce présent petit livre, au quel
" sont amplement contenues toutes les choses dignes de mémoire qu'a-
" vons veues, ou qui nous sont avenues, tant en faisant la dite Naviga-
" tion, qu'estans et faisans séjour en vos dits pays et terres, les routes
" dangers et gisemens d'icelles terres.

Chapitre I.

Préparation du Capitaine Jacques Quartier, et des siens pour le voyage de la Terre-
Neuve. Embarquement. De l'Isle aux Oiseaux. Découvertes jusqu'au commencement de la grande Rivière de Canada, appellée par les Sauvages Hochelaga.

Le Dimanche jour et feste de la Pendecoste, seizième jour de May
audit an mil cinq cens trente-cinq, du commandement du Capitaine et
bon vouloir de tous, chacun se confessa et reçumes tous ensemble notre
Créateur en l'Eglise Cathédrale du dit Saint Malo ; après lequel avoir
reçu, fumes nous présenter au chœur de la dite Eglise devant Révérend
Père en Dieu, Monsieur de Sainct Malo, lequel en son estat Episcopal
nous donna sa bénédiction.

Le Mercredi ensuivant dix-neuvième jour de May, le vent vint bon et
convenable, et appareillasmes avecq les trois Navires, savoir : la grande
Hermine, du port d'envyron cent à six-vingt tonneaux, où estoit le dit
Capitaine Général, et pour Maistre Thomas Frosmont, Claude de Pont-
Briand, fils du Seigneur de Montcevelles, et Echanson de Monseigneur
le Dauphin, Charles de la Pommeraye, Jean Poulet, et autres gentils-
hommes. Au second Navire nommé La petite Hermine, du port d'enviròn

soixante tonneaux, estoit Capitaine soubs le dit Quartier, Marc Jalobert et Maistre Guillaume le Marié, et aû tiers, et plus petit Navire nommé *L'Emerillon*, du port d'environ quarante tonneaux, en estoit Capitaine Guillaume le Breton, et Maistre Jacques Maingart. Et navigasmes avec bon temps jusques au ving-sixième du dit mois de May que le temps se tourna en ire et tourmente, qui nous a duré en vents contraires et serraisons autant que jamais Navires qui passassent la dite mer eussent, sans aucun amendement, tellement que le vingt-cinquième jour de Juin par le dit mauvais temps et serraisons, nous entreperdimes tous trois, sans que nous ayons eu nouvelles les uns des autres jusques à la *Terre-Neuve*, là où nous avyons limité nous trouver tous ensemble.

Et depuis nous être entreperdus, avons été avec la Nef générale par la mer de tous vents contraires jusqu'au septième jour de Juillet que nous arrivasmes à la dite *Terre-Neuve* et prismes terre à *L'Isle ès Oiseaulx*, (*) laquelle est à quatorze lieuës de la grande terre ; laquelle Isle est si très-pleine d'Oiseaux, que tous les Navires de France y pourroient facilement charger sans qu'on s'apperceut qu'on n'en n'eut tiré ; et là en prismes deux barquées pour parties de nos victuailles. Icelle Isle est en l'élévation du Polle en quarante neuf dégrés quarante minutes. Et le huitième jour du dit mois nous apparcillasmes de la dite Isle, et avecque bon temps vinsmes au Hâble de *Blanc-Sablon*, estant en la *Baie des Châteaux*, le quinzième jour du dit mois, qui est le lieu où nous devions nous rendre ; auquel lieu fusmes attendant nos compagnons jusques au vingt-sixième jour du dit mois qu'ils arrivèrent tous deux ensemble : et là nous accoustrasmes et prismes chacun eaux, bois et autres choses nécessaires ; et appareillasmes et fismes voile pour passer outre le vingt-neuvième jour du dit mois à l'aube du jour, et fismes porter le long de la Coste du Nord gisante Est-Nord-Est, et Ouest-Sur-Ouest, jusques environ les huit heures du soir que mismes les voiles bas le travers de deux Isles qui s'avancent plus hors que les autres, que nous nommasmes les Isles *Sainct Guillaume*, lesquelles sont environ vingt lieuës outre le Hâble de *Brest*. Le tout de la dite coste depuis les *Châteaux* jusques ici, gist Est-Nord-Est et Ouest-Sur Ouest, rangée de plusieurs Isles et terres, toutes hachées et pierreuses, sans aucunes terres, ny bois, fors en aucunes vallées.

Le lendemain, pénultième jour du dit mois, nous fismes courir à Ouest pour avoir congnoissance d'autres Isles qui nous demeuroient environ douze lieuës et demie ; entre lesquelles Isles se fait une couche vers le

---

(*) *Funk Island* du côté Est de Terreneuve.

Nort, toute à Isles et grandes bayes, apparoissantes y avoir plusieurs bons hâbles. Nous les nommasmes les Isles *Saincte Marthe*, hors lesquelles, environ une lieuë et demie à la mer, y a une basse bien dangereuse, où il y a quatre ou cinq testes qui demeurent le travers des dites bayes en la route d'Est et Ouest des dites *Isles Saint Guillaume* et autres Isles qui demeurent à Est Sur Ouest des Isles *Sainte Marthe* environ sept lieuës ; lesquelles Isles nous vinsmes querir le dit jour une heure après midi. Et depuis le dit jour jusques à l'orloge virante, (*) fismes courir environ quinze lieuës jusques le travers d'un Cap d'Isles basses que nous nommasmes les Isles *Sainct Germain* ; au Su-Est du quel Cap environ trois lieuës il y a une autre basse fort dangéreuse ; et pareillement entre les dits Cap *Sainct Germain* et *Saincte Marthe*, y a un banc hors des dites Isles environ deux lieuës, sur lequel n'y a que quatre brasses ; et pour le danger de la dite coste mismes les voiles bas, et ne fismes porter la dite nuit.

Le lendemain dernier jour de Juillet, fismes courir le long de la dite coste qui gist Est et Ouest quart de Su-Est, laquelle est toute rangée d'Isles et basses et costes fort dangéreuses ; laquelle contient dempuis le dit Cap des Isles *St. Germain*, jusques à la fin des Isles, environ dix-sept lieuës et demie : et à la fin des dites Isles, y a une moulte belle terre basse pleine de grands arbres et haults : et est icelle coste toute rangée de sablons, sans y avoir aucune apparoissance de hâble jusques au *Cap de Tiennot*, (†) qui se rabat au Nor-Ouest, qui est à environ sept lieuës des dites Iles, lequel Cap reconnumes du voyage précédent : et pour cé fismes porter toute la nuict à l'Ouest Nor-Ouest jusques au jour que le vent vint contraire, et allasmes chercher un hâvre où nous mismes nos Navires, qui est un bon petit hâvre outre le dit *Cap Tiennot*, environ sept lieuës et demie, et est entre quatre Isles sortantes à la mer. Nous le nommasmes le *Hâvre Saint Nicolas* (‡) ; et sur la plus plus prochaine Isle plantasmes une grande Croix de bois pour merche. (¶) Il faut amener la dite Croix au Nord-Est, puis l'aller querir et la laisser de tribort, et trouverez de profond six brasses, posez dedans le dit hâble à quatre brasses : et se faut donner garde de quatre basses qui demeurent des deux côtés à demie lieuë hors. Toute cette dite coste est fort dangéreuse, et pleine de basses ; nonobstant qu'il semble y avoir plusieurs hâbles, n'y a que basses et plateis. Nous fusmes au dit hâble dempuis le dit jour jusques au Dimanche huitième jour d'Aoust, auquel jour appareillasmes et

(*) Minuit.
(†) Mont Joli.
(‡) On pense que c'est le Hâvre de *Mingan*.
(¶) C'est-à-dire, pour marque.

vinsmes querir la terre du Su vers le *Cap de Rabast*, lequel est distant du dit hâble environ vingt lieuës, gisant Nord, Nord-Est et Su-Sur-Ouest. Et le lendemain, le vent vint contraire ; et pour ce que ne trouvasmes nul hâble à la dite terre du Su, fismes porter vers le Nord outre le précédent hâble d'environ dix lieuës, où trouvasmes une fort belle et grande baye pleine d'Isles et bonnes entrées et posage de tous les temps qu'il pourrait faire, et pour cognoissance d'icelle baye, y a une grande Isle comme un Cap de terre qui s'avance plus hors que les autres ; et sur la terre environ deux lieuës, y a une montagne faicte comme un tas de blé. Nous nommames la dite baye *La Baye Saint Laurent.* (*)

Le quatorzième du dit mois, nous partismes de la dite *Baye Sainct Laurent*, et fismes porter à Ouest, et vinsmes querir un Cap de terre devers le Su, qui gist environ l'Ouest un quart de Sur-Ouest du dit hâble de *Saint Laurent* environ vingt-cinq lieuës, Et par les deux Sauvages qu'avions pris le premier voyage nous fut dit, que c'étoit de la terre devers le Su, et que c'étoit une isle, et que par le Su d'icelle étoit le chemin à aller de *Honguedo*, où nous les avions pris le premier voyage, à *Canada* ; et qu'à deux journées delà du dit Cap et Isle, commençoit le Royaume de *Saguenay*, à la terre devers le Nord allant vers le dit *Canada*. Le travers du dit Cap environ trois lieuës, y a de profond cent brasses et plus, et n'est mémoire de jamais avoir vû tant de Baillames (†) que nous vismes cette journée le travers du dit Cap.

Le lendemain jour de Notre-dame d'Aoust, quinzième du dit mois, nous passasmes le détroit : la nuït devant, et le lendemain eumes cognoissance des terres qui nous demeuroient vers le Su, qui est une terre à hautes montagnes à merveilles, dont le Cap susdit de la dite Isle que nous avons nommée *L'Isle de l'Assomption*, (‡) et un Cap des dites hautes terres gisont Est-Nord-Est, et Ouest-Sur-Ouest : et y a entre eux, vingt-cinq lieuës, et voit-on les terres du Nord encore plus hautes que celles du Su à plus de trente lieuës. Nous rangeames les dites terres du Su dempuis le dit jour jusques au mardi midi que le vent vint Ouest, et mismes le cap au Nord pour aller querir les dites hautes terres que voyons ; et nous estans là, trouvasmes les dites terres unies et basses vers la mer et les montagnes de devers le Nord par sus les dites basses terres, gisantes icelles Est et Ouest un quart de Sur-Ouest ; et par les Sauvages qu'avions, nous a été dit, que c'étoit le commencement du *Saguenay* et terre habitée, et que de là venoit le Cuivre rouge, qu'ils appellent *Caquetdazé*. Il y a entre les terres du Su et celles du Nort, environ

(*) On pense que c'est la Rivière *St. Jean* sur la côte de Labrador.
(*) Ce sont vraisemblablement des Baleines.
(‡) Appelée par les Sauvages *Natiscotec*, et depuis par les Européens *Anticosti*.

trente lieuës, et plus de deux cens brasses de parfond. Et nous ont les
Sauvages certifié, estre le chemin et commencement du grand Fleuve de
Hochelaga et chemin du *Canada*, lequel alloit toujours en étroississant
jusques à *Canada*; et puis, que l'on trouve l'eau douce au dit fleuve, qui
va si long, que jamais homme n'avoit été au bout, qu'ils eussent ouï, et
qu'autre passage n'y avoit que par batteaux. Et voyans leur dire, et
qu'ils affirmoient n'y avoir autre passage, ne voulut le dit Capitaine
passer outre jusques à avoir veu le reste et coste de devers le Nord,
qu'il avoit obmis à voir depuis la *Baye Sainct Laurent* pour aller voir la
terre du Su, pour voir s'il y avoit aucun passage.

Chapitre II.

Comment notre Capitaine fist retourner les Navires en arrière jusques d'avoir connoissance de la Baie St. Laurent, pour voir s'il y avait aucun passage vers le
Nord.

Le Mercredi, dix-huitième jour d'Aoust, ledit Capitaine fist retourner les Navires en arrière, et mettre le Cap de l'autre bord, et rangeames ladite côte du Nord, qui git Nord-Est et Sur-Ouest, faisant un
demi Arc, qui est une terre fort haute, non tant comme celle du Su, et
arrivasmes le Jeudi à sept Isles moult hautes, que nous nommasmes
les Isles Rondes,(*) qui sont à environ quarante lieuës des terres du Su,
et s'avancent hors à la mer trois ou quatre lieuës : le travers desquelles
il y a un commencement de basses terres pleines de beaux arbres, lesquelles terres nous rangeasmes le Vendredi avec nos barques : le travers desquelles y a plusieurs bancs de sablon plus de deux lieuës à la
mer, fort dangéreux, lesquels demeurent de basse mer : et au bout
d'icelles basses terres, (qui contiennent environ dix lieuës) y a une rivière d'eau douce sortante à la mer, tellement qu'à plus d'une lieuë de
terre, elle est aussi douce qu'eau de fontaine. Nous entrasmes dans
la dite rivière avec nos barques, et ne trouvasmes à l'entrée que brasse
et demie. Il y a dedans la dite rivière, plusieurs poissons qui ont forme
de cheveaux, (†) lesquels vont à la terre de nuit, et de jour à la mer,
ainsi qu'il nous fut dit par nos deux Sauvages : et de ces dits poissons,
vismes grand nombre dedans la dite rivière.

Le lendemain vingt et unième jour du dit mois, au matin à l'aube
du jour fimes voile, et porter le long de la dite côte tant que nous

(*) Ce sont les *Sept Isles*.
(†) Ce sont des Hippotames ou Chevaux de rivière.—*Lescarbot*.

eûmes connoissance de la reste d'icelle coste du Nord que n'avions vou, et de l'*Isle de l'Assomption* que nous avions été querir au partir de la dite terre; et lors que nous fumes certains que la dite coste estait rangée, et qu'il n'y avoit nul passage, retournasmes à nos Navires qui estoient ès dites *Sept Isles*, où il y a bonnes rades à dix-huit et à vingt brasses, et Sablon : auquel lieu avons été sans pouvoir sortir, ni faire voile pour la cause des bruines et vents contraires, jusques au vingt-quatrième dudit mois, que nous appareillasmes, et avons été à la mer chemin faisans jusques au vingt-neuvième dudit mois, que nous sommes arrivés à un hâble de la Côte du Su, qui est environ quatre-vingt lieuës des dites *Sept Isles*, lequel est le travers de trois Iles petites et plates qui sont par le parmi du fleuve ; et environ le mi-chemin des dites Isles, et le dit Hâble, devers le Nord, y a une fort grande Rivière, qui est entre les hautes et basses terres, laquelle fait plusieurs bancs à la mer à plus de trois lieuës, qui est un pays fort dangéreux, et sonne de deux brasses et moins, et à la choite d'iceux bancs trouverez vingt-cinq et trente brasses bort à bort.   Toute cette coste du Nord gist Nord Nord-Est, et Sur-Ouest.

Le Hâble devant dit où posâmes, qui est à la terre du Su, est hâble de marée, et de peu de valeur. Nous les nommasmes les *Ileaux St. Jean*, (*) parceque nous y entrâmes le jour de la décollation du dit Saint. Et auparavant qu'arriver audit Hâble, y a une Ile à l'Est d'icelui, environ cinq lieuës, où il n'y a point de passage entre terre et elle que par bateaux. Le dit hâble des *Ileaux St. Jean* assèche toutes les marées, et y marine l'eau de deux brasses. Le meilleur lieu à mettre Navires est vers le Su d'un petit ilot, qui est au parmi du dit hâble, bord au dit ilot.

Nous appareillasmes du dit Hâble, le premier jour de Septembre pour aller vers *Canada*. Et environ quinze lieuës du dit Hâble, à l'Ouest Sur-Ouest, y a trois Iles au parmi du dit fleuve, le travers desquelles y a une rivière fort profonde et courante, qui est la rivière et chemin du Royaume et terre de *Saguenay*, ainsi qui nous a été dit par nos hommes du païs de *Canada*. Et est icelle rivière entre hautes montagnes de pierre nue, et sans y avoir que peu de terre ; et nonobstant y croît grande quantité d'arbres, et de plusieurs sortes, qui croissent sur la dite pierre nuë comme sur bonne terre. De sorte, que nous y avons vûs telle arbre susffisant à master navire de trente tonneaux, aussi vert qu'il est possible, lequel était sur un roc, sans y avoir aucune saveur de terre.

(*) Lescarbot pense, que ce sont les Iles du Bic, qu'il appelle le " Pic. "

A l'entrée d'icelle rivière trouvasmes quatre barques de *Canada*, qui estoient là venues pour faire pêcherie de Loups-marins, et autres poissons. Et nous estans posés dedans la dite rivière, vinrent deux des dites barques vers nos Navires, lesquelles venoient en une peur et crainte, de sorte qu'il en ressortit une, et l'autre approcha si près, qu'ils peurent entendre l'un de nos sauvages, qui se nomma, et fit sa connoissance, et les fit venir seurement à bord.

Le lendemain, deuxième jour du dit mois de Septembre, nous sortîmes hors de la dite rivière pour faire le chemin vers *Canada*, et trouvasmes la marée fort courante et dangéreuse, pour ce que devers le Su de la dité Rivière y a deux Iles, (*) a l'entour desquelles à plus de trois lieuës, n'y a que deux ou trois brasses, semées de gros perrons comme tonneaux et pipes, et les marées decevantes par entre les dites Iles : de sorte que cuidames y perdre notre Gallion, sinon le secours de nos barques : et à la choiste des dits plateis, y a de profond trente brasses et plus. Passé la dite rivière de *Saguenay* et les dites Isles, environ cinq lieuës vers le Sur-Ouest y a une autre Ile vers le Nord, aux côtés de laquelle y a de moult hautes terres, le travers desquelles nous cuidames poser l'ancre pour estaller l'Ebe, et n'y pumes trouver le fond à six vingts-brasses, à un trait d'arc de terre : de sorte que fumes contraints de retourner vers la dite Ile, où posâmes trente cinq brasses, et beau fond.

Le lendemain au matin fismes voile, et appareillasmes pour passer outre, et eumes connoissance d'une sorte de poissons, desquels il n'est mémoire d'homme d'avoir vû ni ouï. Les dits poissons sont aussi gros que Morrues, sans avoir aucun estoc, et sont assez faits par le corps et tête de la façon d'un levrier, aussi blancs comme neige, sans aucune tache, et y en a un moult grand nombre dedans le dit fleuve, qui vivent entre la mer et l'eau douce. Les gens du pays les nomment *Adhothuis*, et nous ont dit qu'ils sont fort bons à manger, et si nous ont affirmé n'y en avoir en tout le dit fleuve ni pays qu'en cet endroit.

Le sixième jour du dit mois, avec bon vent fimes courir à mont le dit fleuve environ quinze lieuës, et vimmes poser à une Ile qui est bort à la terre du Nord, laquelle fait une petite baie et couche de terre, à laquelle y a un nombre inestimable de grandes tortues, qui sont ès environs d'icelle Ile. Pareillement par ceux du païs se fait ès environs d'icelle Ile, grande pêcherie des *Adhothuis* cy devant écrits. Il y aussi grand courant ès environs de la dite Isle, comme devant Bordeaux, de flot et ebe. Icelle

_____

(*) L'Isle Rouge et l'Isle Blanche.

Ile contient environ trois lieuës de long, et deux de large, et est une fort bonne terre et grasse, pleine de beaux et grands arbres de plusieurs sortes : entres autres y a plusieurs Coudres franches que trouvasmes fort chargées de Noizilles aussi grosses et de meilleur saveur que les nostres, mais un peu plus dures.   Et pour ce la nommames l'*Isle ès Coudres.*

Le septième jour du dit mois, jour de Notre-Dame, après avoir ouï la Messe, nous partimes de la dite Isle pour aller à-mont le dit fleuve, et vinmes à quatorze Isles (*) qui estoient distantes de la dite *Isle ès Coudres* de sept à huit lieuës, qui est le commencement de la terre et province de *Canada :* desquelles y en a une grande d'environ dix lieuës de long, et cinq de large, (†) où il y a gens demeurans qui font grande pêcherie de tous les poissons qui sont dans le dit fleuve selon les saisons, de quoy sera fait cy-après mention. Nous estans posés et à l'ancre entre icelle grande Isle et la terre du Nord, fumes à terre et portames les deux hommes que nous avions pris le précédent voyage, et trouvasmes plusieurs gens du païs, lesquels commencèrent à fuir, et ne vouluront approcher jusqu'à ce que les dits deux hommes commencèrent à parler et à leur dire qu'ils estoient *Taigurayny* et *Domagaya :* et lorsqu'ils eurent cognoissance d'eux, commencèrent à faire grand'chère, dansans et faisans plusieurs cérémonies, et vindrent partie des principaux à nos bateaux, lesquels nous apportèrent force anguilles, et autres poissons, avec deux ou trois charges de gros mil, qui est le pain duquel ils vivent en la dite terre, et plusieurs gros melons. Et icelle journée vindrent à nos Navires plusieurs barques du dit païs, chargées de gens, tant hommes que femmes pour faire chère à nos deux hommes, lesquels furent tous bien reçus par le dit Capitaine qui les festoya de ce qu'il put. Et pour faire sa cognoissance, leur donna aucuns petits présens de peu de valeur, desquels se contentèrent fort.

Le lendemain le Seigneur de *Canada,* nommé *Donnacona* en nom, et l'appellant pour Seigneur *Agouhanna,* vint avec douze barques, accompagné de plusieurs gens devant nos Navires, puis en fit retirer en arriére dix, et vint seulement avecque deux à bord des dits Navires, accompagné de ses hommes : et commença le dit *Agouhanna* le travers du plus petit de nos Navires à faire une prédica-

(*) Ces Isles sont l'Ile d'Orléans, l'Ile aux Grues, l'Ile aux Oies, l'Ile Madame, l'Ile aux Reaux, l'Ile Ste. Marguerite, la Grosse Isle, et autres de moindre importance.

(†) C'est *L'Ile d'Orléans,* à laquelle Quartier donne ici près du double de l'étendue qu'elle a effectivement en longueur, et près du triple en largeur ; car elle a un peu moins de sept lieues de long, sur une lieue et demie dans sa plus grande largeur.

E

tion et preschement à leur mode, en démenant son corps et membres
d'une merveilleuse sorte, qui est une cérémonie de joie et assurance. Et lorsqu'il fut arrivé à la nef générale où estoient les dits
Taiguragny et *Domagaya*, parla le dit Seigneur à eux, et eux à lui,
et lui commencèrent à conter ce qu'ils avoient vû en France, et le
bon traitement qui leur avoit été fait ; de quoy fut le dit Seigneur fort
joyeux, et pria le Capitaine de luy bailler ses bras pour les baiser, et
accoller, qui est leur mode de faire chère en la dite terre. Et lors le dit
Capitaine entra dedans la barque du dit *Agouhanna*, et commanda qu'on
apporta pain et vin pour faire boire et manger le dit Seigneur et sa bande.
Ce qui fut fait. De quoy furent fort contents : et pour lors ne fut autre
présent fait au dit Seigneur, attendant lieu et temps. Après lesquelles
choses faites se départirent les uns des autres, et prirent congé, et se
retira le dit *Agouhanna* à ses barques, pour soy retirer et aller en son lieu.
Et pareillement le dit Capitaine fit apprester nos barques pour passer
outre, et aller à-mont le dit fleuve avec le flot pour chercher hâble et lieu
de sauveté pour mettre les Navires ; et fusmes outre le dit fleuve environ
dix lieuës, cotoyans la dite Isle,(*)et au bout d'icelle trouvasmes un affoure
d'eau fort beau et plaisant, auquel lieu y a une petite rivière, et hâble de
barre marinant de deux à trois brasses, que trouvasmes lieu à nous propice
pour mettre nos dits Navires à sauveté. Nous nommasmes le dit lieu
Sainte Croix, (†) parce que le dit jour y arrivasmes. Auprès d'icelui lieu,
y a un peuple dont est Seigneur *Donnacona*, et y est sa demeurance, laquelle se nomme *Stadaconé*,(‡) qui est aussi bonne terre qu'il soit possible
de voir et bien fructiférante, pleine de moult beaux arbres de la nature et
sorte de France : comme chesnes, ormes, fresnes, noyers, pruniers, ifs,
cedres, vignes, aubépines, qui portent fruit aussi gros que prunes de
damas, et autres arbres, sous lesquels croît aussi bon chanvre que celui
de France, lequel vient sans semence ni labour. Après avoir visité le
dit lieu, et trouvé estre convenable, se retira le dit Capitaine et les autres
dedans les barques pour retourner aux Navires ; et ainsi que sortîmes
hors la dite rivière, trouvasmes au devant de nous l'un des Seigneurs du
dit peuple de *Stadaconé*, accompagné de plusieurs gens tant hommes que
femmes, lequel Seigneur commença à faire un preschement à la façon et
mode du païs, qui est joie et assurance, et les femmes dansoient et

---

(*) C'est l'étendue que Quartier donne plus ou moins à l'Ile d'Orléans.
(†) Ce lieu de *Ste. Croix* est évidemment la *Rivière St. Charles* d'aujourd'hui. Elle
était autrefois appelée par les Sauvages *Cabir-Coubat*, à raison des tours et détours
qu'elle fait en serpentant ; mais les RR. PP. Récollets vers 1617, lui donnèrent le
nom de *St. Charles*, en mémoire de Messire Charles Des Boues, Grand-Vicaire de
Pontoise, et Fondateur de leurs Missions en la Nouvelle-France.
(‡) Le Chapitre XIII contient une plus ample description de *Stadaconé*.

chantoient sans cesse, étant en l'eau jusques aux genoux. Le Capitaine voyant leur bonne humeur et bon vouloir, fist approcher la barque où il estoit, et leur donna des couteaux et petites patenostres de verre, de quoy menèrent une merveilleuse joie : de sorte que nous estant départis d'avec eux, distans d'une lieuë environ, les oyons chanter, danser et mener feste de notre venue.

Chapitre III.

Comme le Capitaine retourna aux Navires et alla revoir l'Isle. La grandeur et nature d'icelle ; et comme il fist mener les dits Navires à la Rivière Saincte Croix.

Après que nous fusmes arrivés avec les barques aux dits Navires, et retournés de la Rivière *Saincte Croix*, le Capitaine commanda apprester les dites barques pour aller à terre à la dite Isle voir les arbres (qui sembloient à voir fort beaux) et la nature de la terre d'icelle ; ce qui fut fait ; et estant à la dite Isle, la trouvasmes pleine de fort beaux arbres, comme chênes, ormes, pins, cèdres et autres bois de la sorte des nostres, et pareillement y trouvasmes force vignes, ce que n'avions vu par ci-devant en toute la terre ; et pour ce, la nommasmes *L'Isle de Bacchus* : (*) celle Isle tient de longueur environ douze lieuës, et est moult belle terre et unie, pleine de bois, sans y avoir aucun labourage, fors qu'il y a petites maisons où ils font pêcherie, comme par ci-devant est fait mention.

Le lendemain partismes avec nos dits Navires pour les mener au dit lieu de *Ste. Croix*, et y arrivames le lendemain quatorzième du dit mois, et vinrent audevant de nous les dits *Donnacona, Taiguragny* et *Domagaya*, avec vingt-cinq barques chargées de gens, lesquels venoient du lieu d'où estions partis, et alloient au dit *Stadaconé* où est leur demeurance : et vinrent tous à nos Navires faisans plusieurs signes de joie, fors les deux hommes qu'avions apporté, savoir : *Taiguaragny* et *Domagaya*, lesquels estoient tout changés de propos et de courage, et ne voulurent entrer dans nos dits Navires, nonobstant qu'ils en fussent plusieurs fois priés : de quoi eusmes aucune défiance. Le Capitaine leur demanda s'ils vouloient aller (comme ils lui avoient promis) avec lui à *Hochelaga*, et ils répondirent que oui, et qu'ils étoient délibérés d'y aller, et alors chacun se retira.

Et le lendemain quinzième du dit mois, le Capitaine accompagné de plusieurs de ses gens fut à terre pour faire planter balises et merches,

---

(*) Aujourd'hui *L'Ile d'Orléans*, à laquelle Quartier donne ici *douze lieuës* de long, après lui en avoir donné *dix* un peu auparavant. Voyez page 33.

pour plus seurement mettre les Navires à seureté : auquel lieu trouvasmes
entre autres les dits *Donnacona*, nos deux hommes, et leur bande,
et se rendirent audevant de nous grand nombre des gens du pays, et
lesquels se tinrent à part sous une pointe de terre, qui est sur le bord du
dit fleuve, sans qu'aucun d'eux vint environ nous, comme les autres qui
n'étoient de leur bande faisoient. Et après que le dit Capitaine fut averti
qu'ils y étoient, commanda à partie de ses gens aller avec lui, et furent
vers eux sous la dite pointe, et trouvèrent le dit *Donnacona, Taiguragny,
Domagaya,* et autres. Et après s'être entre salués, s'avança le dit *Taiguragny* de parler, et dit au Capitaine que le dit Seigneur *Donnacona*
étoit marri dont le dit Capitaine et ses gens, portoient tant de bâtons de
guerre, (*) parce que de leur part n'en portoient nuls. A quoi répondit
le Capitaine que pour sa marrison ne laisserait à les porter, et que c'étoit
la coutume de France, et qu'il le savoit bien. Mais pour toutes ces
parolles ne laissèrent le dit Capitaine et *Donnacona* de faire grande chère
ensemble ; et lors apperçures que tout ce que disoit le dit *Taiguragny* ne
venoit que de lui et son compagnon ; car avant de partir du dit lieu,
fisrent une assurance le dit Capitaine et Seigneur de sorte merveilleuse.
Car tout le peuple du dit *Donnacona* ensemblement jettèrent et fisrent
trois cris à pleine voix, que c'étoit chose horrible à ouïr ; et à tant prirent
congé les uns des autres, et nous retirasmes à bord pour icelui jour.

Le lendemain seizième du dit mois, nous mismes nos deux plus grands
Navires dedans le dit hâble et rivière, où il y a de pleine mer trois
brasses, et de basse eau demie brasse, et fut laissé le Gallion decans la
rade pour mener à *Hochelaga.* Et tout incontinent que les dits Navires
furent au dit hâble et à sec, se trouvèrent devant les dits Navires les dits
Donnacona, Taiguragny et *Domagaya,* avec plus de cinq cens personnes
tant hommes, femmes qu'enfans, et entra le dit Seigneur avec dix ou
douze autres des plus grands personnages, lesquels furent par le dit
Capitaine, et autres, festoyés et reçus selon leur état, et leur fut donné
aucun petits présents ; et fut par *Taiguragny* dit au dit Capitaine que le
dit Seigneur étoit marri dont il alloit à *Hochelaga,* et que le dit Seigneur
ne vouloit point que lui qui parloit allast avec lui, comme il avoit promis,
parce que la rivière ne valoit rien. A quoi fist réponse le dit Capitaine,
que pour tout ce ne laisseroit y aller s'il lui estoit possible, parce qu'il
avoit commandement du Roy son maistre d'aller au plus avant qu'il lui
seroit possible ; mais si le dit *Taiguragny* y vouloit aller, comme il l'avoit
promis, qu'on lui feroit présent de quoi il seroit content, et grand'chère,
et qu'il ne feroit seulement qu'aller voir *Hochelaga,* puis retourner. A

(*) Voulant parler de leurs armes.

quol répondit le dit *Taguragny* qu'il n'iroit point ; lors se retirèrent en leurs maisons.

Le lendemain dix-septième du dit mois, le dit *Donnacona* et les autres revinrent comme devant, et apportèrent force anguilles et autres poissons, duquel se fait grande pêcherie au dit fleuve, comme sera ci-après dit ; et lorsqu'ils furent arrivés devant nos dits Navires, ils commencèrent à danser et chanter comme ils avoient de coutume ; et après qu'ils eurent ce fait, fist le dit *Donnacona* mettre tous ses gens d'un côté, et fist un cerne sur le sablon, et y fist mettre le dit Capitaine et ses gens ; puis commença une grande harangue, tenant une fille d'environ l'âge de dix ans en l'une de ses mains, puis la vint présenter au dit Capitaine, et lors tous les gens du dit Seigneur se prirent à faire trois cris en signe de joie et alliance, puis derechef présenta deux petits garçons de moindre âge l'un après l'autre, desquels fisrent tels cris et cérémonies que devant. Duquel présent fut le dit Seigneur par le dit Capitaine remercié. Et lors *Taiguragny* dit au dit Capitaine, que la fille estoit la propre fille de la sœur du dit Seigneur, et l'un des garçons frère de lui qui perloit ; et qu'on les lui donnoit sur l'intention qu'il n'allast point à *Hochelaga ;* lequel Capitaine répondit, que si on les lui avoit donnés sur cette intention, qu'on les reprit, et que pour rien il ne laisseroit à aller au dit *Hochelaga*, parce qu'il avait commandement de ce faire. Sur lesquelles parolles *Domagaya*, compagnon du dit *Taiguragny* dit au dit Capitaine, que le dit sieur lui avoit donné les dits enfans de bon amour, et en signe d'assurance, et qu'il estoit content d'aller avec le dit Capitaine à *Hochelaga ;* de quoi eurent grosses parolles le dit *Taiguragny* et *Domagaya*, dont apperçumes que le dit *Taiguragny* ne valoit rien, et qu'il ne songeoit que trahison, ·tant par ce qu'autres mauvais tours que lui avions vu faire. Et sur ce le dit Capitaine fist mettre les dits enfans dedans les Navires, et apporter deux espées, un grand bassin d'airain, plain, et un ouvré à laver les mains, et en fist présent au dit *Donnacona* qui fort s'en contenta, et remercia le dit Capitaine, et commanda à tous ses gens chanter et danser : et pria le Capitaine faire tirer une pièce d'artillerie, parce que *Taiguragny* et *Domagaya* lui en avoient fait feste, et aussi que jamais n'en avoit vû ni ouï. Lequel Capitaine répondit qu'il en estoit content, et commanda tirer uue douzaine de barges avec leurs boulets le travers du bois qui estoit joignant les dits Navires et hommes Sauvages ; de quoi furent tous si étonnés qu'ils pensoient que le ciel fut cheu sur eux, et se prirent à hurler, et hucher si très-fort, qu'il sembloit qu'enfer y fut vuidé. Et auparavant qu'ils se retirassent, le dit *Taiguragny* fist dire par interposées personnes que les Compagnons du Gallion, lesquels éstoient en la

rade, avoient tué deux de leurs gens par coups d'artillerie, dont se retirèrent tous si à grande haste qu'il sembloit que les voulussions tuer. Ce
qui ne se trouva vérité ; car durant le dit jour, ne fust du dit Gallion tiré
artillerie.

***

Chapitre XV.

**Comment les dits Donnacona, Taiguragny et autres songèrent une finesse, et firent
habiller trois hommes en guise de diables, feignans estre venus de par Cudouagny
leur Dieu, pour nous empêcher d'aller à Hochelaga.**

Le lendemain dix-huitième jour du dit mois de Septembre, pour nous
cuider toujours empêcher d'aller à *Hochelaga*, songèrent une grande
finesse, qui fut telle : ils firent habiller trois hommes en la façon de trois
diables, lesquels étoient vêtus de peaux de chiens, noires et blanches, et
avoient cornes aussi longues que le bras, et étoient peints par le visage
de noir comme du charbon, et les firent mettre dans une de leurs barques
à notre insçu ; puis vinrent avec leur bande, comme avoient de coutume,
auprès de nos Navires, et se tinrent dedans le bois sans apparôitre environ
deux heures, attendans que l'heure et marée fut venue pour l'arrivée de
la dite barque ; à laquelle heure sortirent tous, et se présentèrent devant
nos dits Navires, sans eux approcher ainsi qu'ils souloient faire. Et commença *Taiguragny* à saluer le Capitaine, lequel lui demanda s'il vouloit
avoir le bateau, à quoi lui répondit le dit *Taiguragny* que non pour l'heure,
mais que tantôt il entreroit dedans les dits Navires. Et incontinent
arriva la dite barque, où étoient les dits trois hommes apparaissans estre
trois diables, ayant de grandes cornes sur leurs têtes, et faisoient celui
du milieu, un merveilleux sermon, et passèrent le long de
nos Navires avec leur dite barque, sans aucunement tourner leur vue vers
nous, et allèrent asséner et donner en terre avec leur dite barque ; et
tout incontinent le dit *Donnacona* et ses gens prirent la dite barque et
les dits hommes, lesquels s'étoient laissés choeir au fond d'icelle, comme
gens morts, et portèrent le tout ensemble dans le bois, qui estoit distant
des dits Navires d'un jet de pierre, et ne demeura une seule personne, que
tous ne se retirassent dedans le dit bois. Et eux estant retirés commencèrent une prédication et preschement que nous oyons de nos Navires, qui
dura environ demie heure. Après laquelle sortirent le dit *Taiguragny* et
Domagaya du dit bois marchans vers nous, ayant leurs mains jointes, et
leurs chapeaux sous leurs coudes, faisant une grande admiration ; et
commença le dit *Taiguragny* à dire et proférer trois fois : Jésus, Jésus,
Jésus, levant les yeux vers le ciel. Puis *Domagaya* commença à dire :
Jesus, Maria, Jacques Cartier, regardant le Ciel comme l'autre. Et le

Capitaine voyant leurs mines et cérémonies, leur commença à demander qu'il y avoit, et que c'estoit qui estoit survenu de nouveau ; lesquels répondirent, qu'il y avoit de piteuses nouvelles, en disant : Nenni est-il bon ? (c'est-à-dire, qu'elles ne sont point bonnes.) Et le Capitaine leur demanda derechef que c'estoit ; et ils lui dirent, que leur Dieu nommé *Cudouagny* avait parlé à *Hochelaga*, et que les trois hommes devant dits estoient venus de par lui leur annoncer les nouvelles, et qu'il y avoit tant de glaces et neiges, qu'ils mourroient tous. Desquelles paroles nous prismes tous à rire, et leur dire que *Cudouagny* n'étoit qu'un sot, et qu'il ne savoit ce qu'il disoit, et qu'ils le dissent à ses messagers, et que Jésus les garderoit bien du froid s'ils lui vouloient croire ; et lors le dit *Taiguragny* et son compagnon demandèrent au dit Capitaine s'il avoit parlé à Jésus ; et il répondit que ses prêtres y avoient parlé, et qu'il feroit beau temps. De quoi remercièrent fort le dit Capitaine, et s'en retournèrent dedans le bois dire les nouvelles aux autres, lesquels sortirent du dit bois tout incontinent, feignans être joyeux des dites paroles. Et pour montrer qu'ils en estoient joyeux, tout incontinent qu'ils furent devant les Navires, commencèrent d'une commune voix à faire trois cris et hurlemens, qui est leur signe de joie, et se prirent à danser et chanter comme avoient de coutume. Mais par résolution les dits *Taiguragny* et *Domagaya* dirent au dit Capitaine, que le dit *Donnacona* ne vouloit point que nul d'eux allast à *Hochelaga* avec lui, s'il ne bailloit plège qui demeurât à terre avec le dit *Donnacona*. A quoi leur répondit le Capitaine, que s'ils n'estoient délibérés d'y aller de bon courage, qu'ils demeurassent, et que pour eux ne laisseroient mettre peine à y aller.

Chapitre V.

Comment le Capitaine et tous les Gentilshommes, avecque cinquante Mariniers partirent de la province de Canada, avecq le Gallion et les deux barques, pour aller à *Hochelaga*, et de ce qui fut veu entre-deulx sur ledict Fleuve.

Le lendemain dix-neuvième jour du dit mois de Septembre comme il est, nous apparcillasmes et fismes voile avecque le Gallion et les deux barques pour aller avecque la marée amont le dit fleuve, où trouvasmes à voir des deux côtés d'icelui les plus belles et meilleures terres qu'il soit possible de voir, aussi unies que l'eau, pleines des plus beaux arbres du monde, et tant de vignes chargées de raisins le long du fleuve, qu'il semble mieux qu'elles y aient été plantées de main d'homme qu'autrement ; mais pour ce qu'elles ne sont ni cultivées ni taillées, ne sont les

dits raisins si doux, ni si gros comme les notres. Pareillement nous trouvasmes grand nombre de maisons sur la rive du dit fleuve, lesquelles
sont habitées de gens qui font grande pêcherie de tous bons poissons
selon les saisons ; et venoient à nos Navires en aussi grand amour et
privauté qui si eussions été du pays, nous apportant force poissons, et de ce
qu'ils avoient, pour avoir de notre marchandise, tendans les mains au ciel,
faisans plusieurs cérémonies et signes de joie. Et nous étant posés environ à vingt-cinq licuës de *Canada* en un lieu nommé *Achelacy,* (*) qui
est un Détroit du dit fleuve, fort courant et dangéreux, tant de pierres
que d'autres choses, là vinrent plusieurs barques à bord, et entre autres
y vint un grand Seigneur du pays, lequel fit un grand sermon en
venant et arrivant à bord, montrant par signes évidens avecque les
mains et autres cérémonies, que le dit fleuve estoit un peu plus amont
fort dangéreux, nous avertissant de nous en donner garde. Et présenta
iceluy Seigneur au Capitaine deux de ses enfans à don, lequel prit une
fille de l'age d'environ huit à neuf ans, et refusa un petit garçon de
deux ou trois ans, parcequ'il estoit trop petit. Le dit Capitaine festiva
le dit Seigneur et sa bande de ce qu'il peut, et lui donna aucun petit
présent, duquel remercia le dit Seigneur le Capitaine, puis s'en allèrent
à terre. Dempuis sont venus celui Seigneur et sa femme voir leur fille
jusques à *Canada*, et apporter aucun petit présent au Capitaine.

Dempuis le dit jour dix-neuvième jusques au vingt-huitième du dit
mois, nous avons été navigans à-mont le dit fleuve, sans perdre heure
ni jour, durant lequel temps avons vu et trouvé aussi beaucoup de
pays et terres aussi unies que l'on saurait désirer, pleines des plus beaux
arbres du monde, savoir : chesnes, ormes, noyers, pins, cedres, pruches,
fraines, boulles, saules, oziers, et force vignes, (qui est le meilleur) lesquelles avoient si grand abondance de raisins, que les Compagnons en
venoient tous chargés à bord. Il y a pareillement force gruës, cygnes
outardes, oyes, cannes, alouëttes, faisans, perdrix, merles, mauvis, tourtres, chardonnerets, serins, linottes, rossignols, et autres oiseaulx, comme
en France, et en grand abondance.

Le dit vingt-huitième jour de Septembre, nous arrivames à un grand
Lac et plaine du dit fleuve, large d'environ cinq ou six lieuës, et douze
de long.(†) Et navigasmes ce jour à mont le dit lac sans trouver partout
icelui que deux brasses de parfond également sans hausser ni baisser.

(*) Cet endroit est visiblement le *Richelieu*, qui n'est cependant éloigné que de 15
lieues ou environ de *Stadaconé* ou *Québec*.
(†) C'est le *Lac St. Pierre*, auquel Quartier donne deux fois plus d'étendue qu'il
n'en a réellement.

Et nous, arrivans à l'un des bouts du dit lac, ne nous apparoissoit aucun passage ni sortie ; (*) ainsi, nous sembloit icelui estre tout clos, sans aucune rivière, et ne trouvasmes au dit bout que brasse et demie, dont nous convint poser et mettre l'ancre hors, et aller chercher passage avecque nos barques, et trouvasmes qu'il y a quatre ou cinq rivières toutes sortantes du dit fleuve en icelui lac et venant du dit *Hochelaga* ; mais en icelles ainsi sortantes y a barres et traverses faites par le cours de l'eau, où il ni y avoit pour lors qu'une brasse de parfond ; et les dites barres passées y a quatre et cinq brasses, qui estoit le temps des plus petites eaux de l'année, ainsi que vimes par les flots des dites eaux qu'elles croissent de plus de deux brasses de pic.

Toutes icelles rivières circuissent et environnent cinq ou six belles Isles, (†) qui font le bout d'icelui lac, puis se rassemblent environ quinze lieuës à mont toutes en une. Celui jour nous fusmes à l'une d'icelles, où trouvasmes cinq hommes qui prenoient des bestes sauvages, lesquels vinrent aussi privément à nos barques que s'ils nous eussent veus toute leur vie, sans en avoir peur ni crainte ; et nos dites barques arrivées à terre, l'un d'iceux hommes print le dit Capitaine entre ses bras, et le porta à terre ainsi qu'il eust faist un enfant de six ans, tant étoit icelui homme fort et grand. Nous leur trouvasmes un grand monceau de rats sauvages (‡), qui vont en l'eau, et sont gros comme connils, et bons à merveille à manger, desquels firent présent au dit Capitaine, qui leur donna des couteaux et Patenostres pour récompense. Nous leur demandames par signes si c'était le chemin de *Hochelaga*, et ils nous répondirent que oui, et qu'il y avoit encore trois journées à y aller.

Chapitre VI.

Comment le Capitaine fist accoustrer les barques pour aller à Hochelaga, et laisser le Gallion pour la difficulté du passage. Et comment nous arrivasmes au dit Hochelaga, et de la réception que le peuple fit à nostre arrivée.

Le lendemain vingt-neuvième de Septembre, nostre Capitaine voyant qu'il n'estoit possible de pouvoir pour lors passer le dit Gallion, fist

---

(*) Quartier avait évidemment enfilé le Chenal du Nord, au lieu de prendre celui du Sud.

(†) Ce sont les divers chenaux qui se trouvent entre l'Isle du Pas, l'Isle au Castor, l'Isle St. Ignace, l'Isle Madame, l'Isle de Grâce, et les autres Isles au haut du Lac St. Pierre.

(‡) Des Rats Musqués.

F

avictuailler et accoustrer les barques, et mettre victuailles pour le plus
de temps qu'il fust possible, et que les dites barques en purent accueillir,
et se partant avec icelles accompagné de partie des Gentils-hommes, savoir : de Claude du Pont-briand, Echanson de Monseigneur le Dauphin,
Charles de la Ponmeraye, Jean Gouyon, Jean Poullet, et vingt-huit
mariniers, y compris Macé Jallobert et Guilhume le Breton, ayant la
charge sous le dit Quartier des deux autres Navires, pour aller amont le
le dit fleuve au plus loing qu'il nous seroit possible ; et navigasmes de
temps à gré jusqu'au deuxième jour d'Octobre, que nous arrivasmes à
Hochelaga qui est distant du lieu où estoit demeuré le Gallion d'environ
quarante-cinq lieuës.(*) Durant lequel temps et chemin faisans, trouvasmes plusieurs gens du pays qui nous apportèrent du poisson et autres
victuailles, dansans et menans grande joie de nostre venue ; et pour les
attraire et tenir en amitié avecque nous, leur donnoit le dit Capitaine
pour récompense des couteaux, patenostres, et autres menues hardes,
de quoi se contentoient fort. Et nous, arrivés au dit *Hochelaga*, se rendirent au devant de nous plus de mille personnes tant hommes, femmes
qu'enfans, lesquels nous fisrent aussi bon accueil que jamais père fist à
enfant, menans une joie merveilleuse ; car les hommes en une bande
dansoient, et les femmes de leur part, et leurs enfans d'autre, lesquels
nous apportèrent force poisson, et de leur pain fait de gros mil, lequel
ils jettoient dedans nos dites barques, en sorte qu'il sembloit qu'il tom-
bâst de l'air. Voyant ce, le Capitaine descendist à terre, accompagné de
plusieurs de ses gens ; et si tost qu'il fut descendu, s'assemblèrent tous
sur lui, et sur les autres, en faisant une chère inestimable ; et apportoient
les femmes, leurs enfans à brassées pour les faire toucher au dit Capitaine, et aux autres qui estoient en sa compagnie, en faisant une feste
qui dura plus de demie heure. Et voyant le dit Capitaine leur largesse,
et bon vouloir, fist asseoir et ranger toutes les femmes, et leur donna
certaines patenostres d'étain, et autres menues besongnes ; et à partie des
hommes des couteaux ; puis se retira à bord des dites barques pour
souper et passer la nuit : durant laquelle demeura icelui peuple sur le
bord du dit fleuve, au plus près des dites barques, faisans toute la nuit
plusieurs feux et danses, en disant à toutes heures *Aguiasé*, qui est leur
dire de salut et joye.

(*) Quartier parait avoir laissé le Gallion à peu près vis-à-vis de Berthier ; mais
on ne compte que quinze lieuës pour se rendre de Berthier à *Hochelaga*, ou
Montréal.

Chapitre VII.

Comment le Capitaine et les gentils-hommes avecque vingt-cinq hommes bien armés et en bon ordre, allèrent à la Ville de Hochelaga, et de la situation du dit lieu.

Le lendemain au plus matin, le Capitaine s'accoustra, et fist mettre ses gens en ordre pour aller voir la ville et demeurance du dit peuple, et une montagne qui est jacente à la dite ville, où allèrent avecque le dit Capitaine les gentils-hommes, et vingt mariniers, et laissa le parsus pour la garde des barques, et prit trois hommes de la dite ville de *Hochelaga* pour les mener et conduire au dit lieu. Et nous estans en chemin, le trouvasmes aussi battu qu'il soit possible de voir, en la plus belle terre et meilleure plaine : des chênes aussi beaux qu'il y en ait en forêt de France, sous lesquels estoit toute la terre couverte de glands. Et nous, ayant fait environ une lieuë et demie, (*) trouvasmes sur le chemin l'un des principaux Seigneurs de la dite ville de *Hochelaga,* avecque plusieurs persônnes, lequel nous fist signe qu'il se falloit reposer au dit lieu près un feu qu'ils avoient fait au dit chemin. Et lors commença le dit Seigneur à faire un sermon et preschement, comme ci-devant est dit être leur coutume de faire joye et connoissance, en faisant celui Seigneur chère au dit Capitaine et sa compagnie ; lequel Capitaine lui donna une couple de haches et une couple de couteaux, avec une Croix et remembrance du Crucifix qu'il lui fist baiser, et lui pendit au col : de quoi il rendit grâces au dit Capitaine. Ce fait, marchames plus outre, et environ demie lieuë de là commençames à trouver les terres labourées, et belles grandes campagnes pleines de blé de leurs terres, qui est comme mil de Brésil, aussi gros ou plus que pois, (†) duquel ils vivent, ainsi que nous faisons de froment. Et au parmi d'icelles campagnes, est située et assise la dite ville de *Hochelaga,*(‡) près et joignante une montagne qui est à l'entour d'icelle, bien labourée et fort fertile : de dessus laquelle on voit fort loin. Nous nommasmes icelle montagne le *Mont Royal.* La dite ville est toute ronde, et close de bois à trois rangs, en façon d'une pyramide croisée par le haut, ayant la rangée du parmi en façon de ligue perpendiculaire, puis rangée de bois couchéz de long, bien oints et cousus à leur mode, et est de la hauteur d'environ deux lancés. Et n'y a en icelle ville qu'une porte et entrée, qui ferme à barres, sur laquelle et en plusieurs endroits de la dite clôture y a manière de galeries et échelles à y monter, lesquelles sont garnies de roches et cailloux pour la garde et défense

(*) Ce qui fait voir, que Quartier aurait pris terre audessous du Courant de Sté. Marie.

(†) Bled d'Inde.

(‡) Montréal.

d'icelle. Il y a dans icelle ville environ cinquante maisons, longues
d'environ cinquante pas au plus chacune, et douze ou quinze pas de large,
toutes faites de bois, couvertes et garnies de grandes écorces et pelures des
dits bois, aussi larges que tables, bien cousues artificiellement selon leur
mode; et par dedans icelles, y a plusieurs aires et chambres ; et au milieu
d'icelles maisons y a une grande salle par terre, où font leur feu et
vivent en communauté, puis se retirent en leurs dites chambres les
hommes avec leurs femmes et enfans. Et pareillement ont gréniers au
haut de leurs maisons, où mettent leur blé, duquel ils font leur pain
qu'ils appellent *Caracont*, et le font en la manière ci-après. Ils ont des
piles de bois, comme à piler chanvre, et battent avec pilons de bois le
dit blé en poudre, puis l'amassent en pâte, et en font des tourteaux
qu'ils mettent sur une pierre chaude, puis le couvrent de cailloux chauds,
et ainsi cuisent leur pain en lieu de four. Ils font pareillement force
potages du dit blé, et de fèves et pois, desquels ils ont assez ; et aussi
de gros concombres et autres fruits. Ils ont aussi de grands vaisseaux
comme tonnes en leurs maisons, où ils mettent leur poisson, savoir :
anguilles, et autres qui sèchent à la fumée durant l'Eté, et en vivent en
Hiver, et de ce font un grand amas, comme avons vu par expérience.
Tout leur vivre est sans aucun gout de sel, et couchent sur écorces de
bois étendues sur la terre, avec méchantes couvertures de peaux, de quoi
font leurs vêtemens, savoir : Loirs, Bièvres, Martres, Renards, Chats-
sauvages, Daims, Cerfs, et autres sauvagines ; mais la plus grand part
d'eux sont quasi tout nuds.

La plus précieuse chose qu'ils aient en ce monde, est *Esurgni*, (*)
lequel est blanc, et le prennent au dit fleuve en cornibots en la manière
qui en suit. Quand un homme a desservi la mort, ou qu'ils ont pris
aucun ennemi à la guerre, ils le tuent, puis l'incisent sur les fesses et
cuisses, et par les jambes, bras et épaules à grandes taillades ; puis ès
lieux où est le dit *Esurgni* avalent le dit corps au fond de l'eau, et le
laissent dix ou douze heures, puis le retirent à mont, et trouvent dedans
les dites taillades et incisions les dits cornibots, desquels ils font des
patenostres, et de ce usent comme nous faisons d'or et d'argent, et le
tiennent la plus précieuse chose du monde. Il a la vertu d'étancher le
sang des nazilles : car nous l'avons expérimenté. Ce dit peuple ne

---

(*) Lescarbot en parlant de cet *Esurgny*, qui est évidemment une espèce de
coquillage, nous dit : " C'est un mot que j'ay eu beaucoup de peine à comprendre ;
" et que Belleforest n'a point entendu quand il a voulu en parler. Aujourd'hui, les
" Sauvages n'en ont plus, ou en ont perdu le métier : car ils servent fort des
" *Matachiaz* (les grains de rassade) qu'on leur porte de France. "

s'adonne qu'à labourage et pêcherie pour vivre ; car des biens de ce monde ne font compte, parce qu'ils n'en ont connoissance, et qu'ils ne bougent de leur pays, et ne sont ambulatoires comme ceux de *Canada* et *Saguenay*, nonobstant que les dits Canadiens leur soient sujets, avec huit ou neuf autres peuples qui sont sur le dit fleuve.

Chapitre VIII.

Comme nous arrivasmes à la dite Ville, et de la réception qui nous y fut faite. Et comment le Capitaine leur fit des présens, et autres choses que le dit Capitaine leur fit, comme sera veu en ce chapitre.

Ainsi, comme fumes arrivés auprès d'icelle ville, se rendirent audevant de nous grand nombre des habitans d'icelle, lesquels à leur façon de faire nous firent bon accueil, et par nos guides et conducteurs fusmes menés au milieu d'icelle ville, où il y a une place entre les maisons, spacieuse d'un jet de pierre en carré, ou environ, lesquels nous firent signe que nous arrêtassions au dit lieu : ce que nous fismes ; et tout soudain s'assemblèrent toutes les femmes et filles de la dite ville, dont une partie estoient chargés d'enfans entre leurs bras, qui nous vinrent baiser le visage, bras et autres endroits de dessus le corps où ils pouvoient toucher, pleurans de joie de nous voir, nous faisans la meilleure chère qu'il leur estoit possible, en nous faisans signes qu'il nous plut toucher leurs dits enfans. Après ces choses faites, les hommes firent retirer les femmes, et s'assirent sur la terre à l'entour de nous, comme si eussions voulu jouer un mystère. Et tout incontinent revinrent plusieurs femmes qui apportèrent chacune une natte quarrée, en façon de tapisserie, et les étendirent sur la terre au milieu de la dite place, et nous firent mettre sur icelles. Après lesquelles choses ainsi faites, fut apporté par neuf ou dix hommes le Roy et Seigneur du dit païs, qu'ils appellent en leur langue *Agouhanna*, lequel estoit assis sur une grande peau de Cerf, et le vinrent poser dans la dite place sur les dites nattes près du Capitaine, en faisant signe que c'estoit leur Seigneur. Celui *Agouhanna* étoit de l'âge d'environ cinquante ans, et n'estoit mieux accoutré que les autres, fors qu'il avoit à l'entour de la teste une manière de lisière rouge pour sa couronne, faite de poil d'hérissons, et étoit celui Seigneur tout perclus et malade de ses membres. Après qu'il eût fait son signe de salut au dit Capitaine et à ses gens, en leur faisant signes évidens qu'ils fussent les bienvenus, il montra ses bras et jambes au dit Capitaine, le priant les vouloir toucher, comme s'il lui eût demandé guérison de sa santé. Et lors le Capitaine commença à lui frotter les bras et jambes avec les mains, et prit le dit *Agohanna* la lizière et couronne qu'il avoit sur sa tête, et la donna au dit Capitaine ; et tout incontinent furent amenés au dit Capitaine plusieurs malades, comme aveugles, borgnes, boiteux, impotents, et gens si très-viéux que les paupières des yeux leur pendoient sur les joues, et les seyoient et couchoient près du dit Capitaine pour les toucher : tellement qu'il sembloit que Dieu fut là descendu pour les guérir.

Le dit Capitaine voyant la pitié et foy de ce dit peuple, dit l'Evangile St. Jean, sçavoir : l'*In principio,* faisant le signe de la Croix sur les pauvres malades, priant Dieu qu'il leur donnât connaissance de notre saincte Foy, et de la Passion de Notre Sauveur et grâce de recouvrer chrétienté et baptesme. Puis print le dit Capitaine une paire d'heures, et tout hautement leut mot à mot la Passion de Notre Seigneur, si que tous les assistans la purent ouïr, où tout ce pauvre peuple fit un grand silence, et furent merveilleusement bien entendibles, regardans le ciel et faisans pareilles cérémonies qu'ils nous voyoient faire. Après laquelle, fit le dit Capitaine ranger tous les hommes d'un côté, les femmes d'un autre, et les enfans d'autre, et donna ès principaux et autres des couteaux et des hachots, et aux femmes des patenotres, et autres menues choses, puis jetta parmi la place et entre les dits enfans des petites bagues et *Agnus Dei,* d'étain, de quoy menèrent une merveilleuse joie. Ce fait, le Capitaine commanda de sonner les trompettes et autres instrumens de musique, de quoy le dit peuple fut fort réjoui. Après lesquelles choses, nous prismes congé d'eux, et nous retirasmes. Voyant ce, les femmes se mirent audevant de nous pour nous arrêter, et nous apportèrent de leurs vivres, lesquels ils nous avoient apprestés, savoir : poisson, potages, fèves, pain et autres choses pour nous cuider faire repaistre et diner au dit lieu. Et pour ce que les dits vivres n'estoient à nostre gout, et qu'il n'y avoit gout de sel, les remerciasmes, leur faisant signe que nous n'avions besoin de repaistre.

Après que nous fusmes sortis de la dite ville, fusmes conduits par plusieurs hommes et femmes d'icelle sur la montagne devant dite, qui est par nous nommée *Mont-Royal,* distante du dit lieu d'un quart de lieüe ; et nous, estant sur la dite montagne eusmes veu et connoissance de plus de trente lieües à l'environ d'icelle, dont il y a vers le Nord une rangée de montagnes, qui sont Est et Ouest gisantes, et autant vers le Su : entre lesquelles montagnes est la terre la plus belle qu'il soit possible de voir, labourable, unie et plaine : et par le milieu des dites terres voyons le dit fleuve outre le lieu où estoient demeurées nos barques, où il y à un saut d'eau le plus impétueux qu'il soit possible de voir,(*) lequel ne nous fut possible de passer ; et voyions le dit fleuve tant que l'on pouvoit regarder grand, large, et spacieux, qui alloit au Su-Ouest, et passoit par auprès de trois belles montagnes rondes que nous voyions, et estimions qu'elles estoient à environ quinze lieuës de nous ; et nous fut dit et montré par signes par les trois hommes qui nous avoient conduits, qu'il y avait trois itieux Saults d'eau au dit fleuve,(†) comme celui où estoient nos dites barques : mais nous ne pusmes entendre quelle distance il y avait entre l'un et l'autre. Puis nous montroient que les dits saults passés, l'on pouvoit naviguer plus de trois lunes par le dit fleuve. Et là dessus me souvient, que *Donnacona* Seigneur des Canadiens nous a dit, quelquefois avoir esté à une autre terre, où ils sont une lune à aller avec leurs barques depuis *Canada* jusqu'à la dite terre, en laquelle il croît force Canelle, et Girofle. Ils appellent la dite Canelle *Adotathui*, le Girofle *Canonotha*. Et outre nous monstroient, que le long des dites montagnes estant vers le Nord, il y a une grande Rivière qui descend de l'Occident comme le dit fleuve. Nous estimons que c'est la Rivière qui passe par le Royaume et Province du *Saguenay*; (‡) et sans que leur fissions aucune demande et signe, prisrent la chaisne du sifflet du Capitaine qui est d'argent, et un manche de poignard qui estoit de laiton jaune comme or, lequel estoit au côté de l'un de nos mariniers, et montroient que cela venoit d'amont le dit fleuve, et qu'il y avoit des *Agojudas*, qui est à dire mauvaises gens, qui estoient armés jusques sur les doigts, nous montrant la façon de leurs armures, qui sont de cordes et bois laçés et tissus ensemble : nous donnans à entendre, que les dits *Agojudas* menoient la guerre continuelle les uns ès autres ; mais par défaut de langue, ne pusmès avoir connoissance combien il y avoit jusques au dit pays. Le dit Capitaine leur montra du cuivre rouge, qu'ils appellent *Caquedaze*, leur montrant vers le dit lieu, et demandant par signe s'il venoit de là. Ils commencèrent à secouer la teste, disant que non, et montrant qu'il venoit du *Saguenay*, qui est au contraire du précédent. Après lesquelles choses ainsy vues et entendues, nous retirasmes à nos barques, qui ne fut sans avoir conduite de grand nombre du dit peuple, dont partie d'eux quand venoient nos gens las, les chargeoient sur eux

---

(*) Le Courant de Ste. Marie.

(†) On pense qu'il est ici question du Sault St. Louis, des Cascades et du Long Sault.

(‡) Cette Rivière doit être la *Rivière des Cutaouais*, qui néanmoins ne vient pas du *Saguendy :* Elle prend sa source du Lac *Téniscaming*, lequel est dans une direction toute opposée à celle du *Saguenay*.

comme sur chevaux, et les portoient. Et nous, arrivés à nos barques fismes voile pour retourner à nostre Gallion pour doute qu'il n'eust aucun encombrier. Lequel partement ne fut sans grand regret du dit peuple, car, tant qu'ils nous purent suivre à val le dit fleuve, ils nous suivirent ; et tant fusmes, que nous arrivasmes à notre dit Gallion le Lundi quatrième jour d'Octobre.

Le Mardi, cinquième jour du dit mois d'Octobre nous fismes voile, et apparoillasmes avec nostre dit Gallion et barques pour retourner à la province de *Canada* au port de *Ste. Croix* où estoient demeurés nos dits Navires : et le septième jour nous vinmes poser le travers d'une Rivière, qui vient devers le Nord sortante au dit fleuve, à l'entrée de laquelle y a quatre petites Isles, et pleines d'arbres. Nous nommasmes icelle Rivière, la Rivière de *Fouez*.(*) Et pour ce que l'une d'icelles Isles s'avance au dit fleuve, et la voit-on de loing, le dit Capitaine fist planter une belle Croix sur la pointe d'icelle, et commanda apprester les barques pour aller avec marée dedans icelle Rivière, pour voir le parfond et nature d'icelle ; et nagèrent celui jour à-mont le dit fleuve ; mais parce qu'elle fut trouvée de nulle expérience, ni profonde, retournèrent, et appareillasmes pour aller à-val.

Chapitre IX.

Comment nous arrivasmes au dit Hâble de Ste. Croix ; comment nous trouvasmes nos Navires, et comment le Seigneur du pays vint voir le Capitaine, et comment le dit Capitaine l'alla voir, et partie de leurs coustumes et particularités.

Le Lundi onzième jour d'Octobre, nous arrivasmes au Hâble de *Saincte Croix* où estoient nos Navires, et trouvasmes que les Maistres et Mariniers qui estoient demeurés avoient fait un Fort devant les dits Navires, tout clos de grosses pièces de bois plantées debout, joignant les unes aux autres, et tout à l'entour garni d'artillerie, et bien en ordre pour se défendre contre tout le pays. (†) Et tout incontinent que le Seigneur du pays fut averti de nostre venue, vint le lendemain accompagné de *Taiguragny, Domagaya*, et plusieurs autres pour voir le dit Capitaine, et lui fisrent une merveilleuse feste, feignans avoir grande joie de sa venue, lequel pareillement leur fist assez bon accueil, toutefois qu'ils ne

(*) Ce sont les Trois-Rivières.
(†) On pense que ce Fort a dû être bâti, à l'endroit où la *Petite Rivière Lairet* se décharge dans la Rivière St. Charles.

l'avoient pas desservi. Le Seigneur *Donnacona* pria le Capitaine de
l'aller voir le lendemain à *Canada*, ce que lui promit le dit Capitaine.
Et le lendemain treizième du dit mois, le dit Capitaine accompagné des
Gentils-hommes et de cinquante Compagnons bien en ordre, allèrent
voir le dit *Donnacona* et son peuple, qui est distant du lieu où estoient
nos Navires de demie lieuë, et se nomme leur demeurance *Stadaconé*.
Et nous, arrivés au dit lieu, vinrent les habitans audevant de nous, loin
de leurs maisons d'un jet de pierre, ou mieux, et là se rangèrent et
assirent à leur mode et façon de faire, les hommes d'une part, et les
femmes de l'autre debout, chantans et dansans sans cesse ; et après
qu'ils s'entrefurent salués et fait chère les uns aux autres, le Capitaine
donna aux hommes des couteaux, et autres choses de peu de valeur, et
fist passer toutes les femmes et filles devant lui, et leur donna à chacune
une bague d'étain ; de quoi remercièrent le dit Capitaine, qui fut par le
dit *Donnacona* et *Taiguragny* mené voir leurs maisons, lesquelles estoient bien estorées de vivres selon leur sorte pour passer leur hyver.   Et
fut par le dit *Donnacona* montré audit Capitaine les peaulx de cinq testes d'hommes estendues sur des bois, comme peaulx de parchemin ; et nous
dit : que c'estoient des *Toudamans* de devers le Su, qui leur menoient
continuellement la guerre.   Outre nous fut dit, qu'il y a deux ans
passés que les dits *Toudamans* les vinrent assaillir jusques dedans le dit
Fleuve à une Isle qui est le travers du *Saguenay*, où ils étoient à passer la
nuit, tendans aller à *Honguedo* leur mener guerre avecque environ deux
cent personnes, tant hommes, femmes, qu'enfans, lesquels furent surpris
en dormant dedans un fort qu'ils avoient fait, où mirent les dits *Toudamans* le feu tout à l'entour, et comme ils sortoient les tuèrent tous,
réserve cinq qui échappèrent.   De laquelle destrousse se plaignoient
encore fort, nous montrans qu'ils en auroient vengeance.   Après lesquelles choses veues, nous retirames à nos Navires.

Chapitre X.

De la façon de vivre du Peuple de la dite Terre, et de certaines conditions, créances et façons qu'ils ont.

Le dit peuple n'a aucune créance de Dieu qui vaille, car ils croyent
dans un qu'ils appellent *Cudouagny* et disent, qu'il parle souvent à eux,
et leur dit le temps qu'il doit faire.   Ils disent que quand il se cour-
rouce à eux, qu'il leur jette de la terre aux yeux.   Ils croient aussi
quand ils trépassent, qu'ils vont ès estoilles, puis viennent baissant en

G

l'horizon comme les dites estoilles ; puis vont en beaux champs verds, pleins de beaux arbres et fruits somptueux.   Après qu'ils nous euront donné ces choses à entendre, nous leur avons remontré leur erreur, et que leur *Cudouagny* est un mauvais Esprit qui les abuse ; et qu'il n'est qu'un Dieu, qui est au Ciel, lequel nous donne tout, et est Créateur de toutes choses, et qu'en celui devons croire seulement ; et qu'il faut être baptisé ou aller en Enfer.   Et leur fut remonstré plusieurs autres choses de notre Foy : ce que facilement ils ont creu, et appelé leur *Cudouagny Agoduja:* (*) tellement que plusieurs fois ont prié le Capitaine de les faire baptiser, et y sont venus le dit Seigneur, *Taiguragny, Domagaya,* avecque tout le peuple de leur ville pour le cuyder estre : mais parceque ne sçavions leur intention et courage, et qu'il n'y avoit personne qui leur remonstrast la Foy, pour lors fut pris excuse vers eux, et dit à *Taiguragny* et *Domagaya* qu'ils leur fissent entendre, que nous retournerions un autre voyage et apporterions des Prêtres et du Cresme : leur donnant à entendre pour excuse, que l'on ne peut baptiser sans le dit Cresme : ce qu'ils crûrent, parceque plusieurs enfans ont veu baptiser en Bretagne.   Et de la promesse que leur fist le Capitaine de retourner, furent fort joyeux, et le remercièrent.

Le dit peuple vit quasi en communauté de biens assez de la sorte des Brézilliens, et sont tous vestus de peaux de bêtes sauvages, et assez pauvrement. L'Hyver, ils sont chaussés de chausses et souliers, et l'Eté vont deschaux. Ils gardent l'ordre de mariage, lors que les hommes prennent deux ou trois femmes : et dempuis que le mari est mort jamais les femmes ne se remarient, mais font le deuil de la dite mort toute leur vie, et se teignent le visage de charbon pilé et de graisse, comme l'espaisseur d'un couteau, et à cela cognoist-on qu'elles sont veuves. Ils ont une autre coustume fort mauvaise de leurs filles ; car dempuis qu'elles sont d'âge d'aller à homme, elles sont toutes mises en une maison de bordeau, abandonnées à tout le monde de qui en veut, jusqu'à ce qu'elles aient trouvé leur parti. Et tout ce avons veu par expérience ; car nous avons vû les maisons aussi pleines des dites filles, comme est une escolle de garçons en France ; et d'avantage le jeu de hazard selon leur mode tient ès dites maisons, où ils jouent tout ce qu'ils ont, jusques à la couverture de leur nature. Ils ne sont point de grand travail, et labourent leurs terres avec petits bois de la grandeur d'une demie espée, où ils font le bled qu'ils appellent Ozisy, lequel est gros comme pois : et de ce mesme bled en croit assez au Brézil. Pareillement,

(*) C'est-à-dire méchant.

ils ont assez de gros melons et concombres, courges, pois et febves de toutes couleurs, mais non de la sorte des nostres. Ils ont aussi une herbe de quoi ils font grand amas durant l'Eté pour l'Hyver, laquelle ils estiment fort, et en usent les hommes seulement, en la façon qui ensuit. Ils la font sécher au soleil, et la portent à leur col en une petite peau de beste en lieu de sac, avecque un cornet de pierre ou de bois. Puis à toute heure, font poudre de la dite herbe, et la mettent à l'un des bouts du dit cornet, puis mettent un charbon de feu dessus et soufflent par l'autre bout tant, qu'ils s'emplissent le corps de fumée, tellement qu'elle leur sort par la bouche et les nazilles, comme par un tuyau de cheminée ; ils disent que cela les tient sains et chaudement, et ne vont jamais sans les dites choses. Nous avons expérimenté la dite fumée, après laquelle avoir mis dedans notre bouche, semble y avoir de la poudre de poivre, tant est chaude. Les femmes du dit pays travaillent sans comparaison plus que les hommes, tant à la pescherie de quoy ils font grand fait, qu'au labour et autres choses. Et sont tant hommes, femmes, qu'enfans plus durs que bestes : car, de la plus grande froidure que ayons veu, laquelle estoit merveilleuse et aspre, venoient pardessus les glaces et neiges tous les jours à nos Navires, la pluspart d'eux quasi tout nuds, qui est chose incroiable qui ne le voit. Ils prennent durant les dites glaces et neiges grande quantité de bestes sauvages, comme Daims, Cerfs et Ours, Lièvres, Martres et autres, desquels nous apportoient, mais bien peu, parce qu'ils sont vilains de leurs vivres. Ils mangent leur chair toute crue après avoir été séchée à la fumée, et pareillement leur poisson. A ce que nous avons connu et pu entendre de ce dit peuple, il me semble qu'il seroit aisé à dompter en telle façon et manière que l'on voudroit. Dieu par sa saincte miséricorde y veuille mettre son regard, Amen.

Chapitre XI.

Comme le dit Peuple de jour en jour nous apportoient du poisson, et de ce qu'ils avoient à nos Navires : Et comme par l'advertissement de Taiguragny et Domagaya le dit peuple se retira de y venir, et comme il y eut aucun discord entre nous et eux.

Et depuis de jour en l'autre, venoit le dit peuple à nos Navires, et apportoient force anguilles et autres poissons pour avoir de notre marchandise, de quoi leur estoit baillé couteaux, allaisnes, patenostres et autres menues choses dont se contentoient fort ; mais nous apperçumes que les deux méchans qu'avions apportés leur disoient et donnoient à

entendre, que ce que nous leur baillons ne valoient rien, et qu'ils auroient aussitôst des hachots comme des couteaux pour ce qu'ils nous
bailloient, nonobstant que le Capitaine leur eust fait beaucoup de
présens, et si ne cessoient à toutes heures de demander au dit Capitaine ;
lequel fut averti par un Seigneur de la ville de *Hagouchouda* qu'il se
donnast garde de *Donnacona* et des dits deux méchans, et qu'ils estoient
Agojuda, qui est à dire, traistres, et aussi en fut averti par aucuns du
dit *Canada*, et aussi que nous apperçumes de leur malice, parce qu'ils
vouloient retirer les trois enfans que le dit *Donnacona* avoit donnés au
dit Capitaine. Et de fait, fisrent fuir la plus grande des filles du Navire ;
après laquelle ainsi fuie, fist le Capitaine prendre garde ès autres ; et
par l'avertissement des dits *Taiguragny* et *Domagaya* s'abstinrent et
deportèrent de venir avecque nous quatre ou cinq jours, sinon aucuns
qui venoient en grande peur et crainte.

Chapitre XII.

Comment le Capitaine doutant qu'ils ne songeassent aucune trahison, fist renforcer le
Fort ; et comment ils vinrent parlementer avecque lui, et la rendition de la fille
qui s'en estoit fuie.

Voyant la malice d'eux, doutant qu'ils ne songeassent aucune trahison,
et venir avecque un amas de gens sur nous, le Capitaine fist renforcer le
Fort tout à l'entour de gros fossés, larges et parfonds, avecque porte à
pont-lévis et renfort de rangs ou pans de bois au contraire des premiers.
Et fut ordonné pour le guet de la nuit, pour le temps à venir, cinquante
hommes à quatre quarts, et à chacun changement des dits quarts les
trompettes sonnantes ; ce qui fut fait selon la dite Ordonnance. Et les
dits *Donnacona*, *Taiguragny* et *Domagaya* estant avertis du dit renfort,
et de la bonne garde et guet que l'on faisoit furent courroucés d'être en
la mal-grace du Capitaine ; et envoyèrent par plusieurs fois de leurs
gens feignans qu'ils fussent d'ailleurs, pour voir si on leur feroit déplaisir,
desquels on ne tint compte, et n'en fut fait ni monstré aucun semblant.
Et y vinrent les dits *Donnacona*, *Taiguragny*, *Domagaya*, et autres
plusieurs fois parler au dit Capitaine, une rivière entre-eux, demandant
au dit Capitaine s'il estoit marri, et pourquoi il n'alloit à *Canada* les voir.
Et le dit Capitaine leur répondit qu'ils n'estoient que traistres et
méchans, ainsi qu'on lui avait rapporté ; et aussi qu'il l'avait apperçu en
plusieurs sortes, comme de n'avoir tenu promesse d'aller à *Hochelaga*, et
d'avoir retiré la fille qu'on lui avait donnée, et autres mauvais tours qu'il
leur nomma ; mais pour tout ce, s'ils vouloient estre gens de bien et

oublier leur mal-volonté, qu'il leur pardonnoit, et qu'ils vinssent seurement à bord faire bonne chère comme pardevant. Desquelles paroles remercièrent le dit Capitaine, et lui promirent qu'ils lui rendroient la fille qui s'en estoit fuie, dedans trois jours. Et le quatrième jour de Novembre, *Domagaya* accompagné de six autres hommes vinrent à nos Navires, pour dire au dit Capitaine que le Seigneur *Donnacona* estoit allé par le pays chercher la dite fille, et que le lendemain elle lui seroit par lui amenée. Et outre dit, que *Taiguragny* estoit fort malade, et qu'il prioit le Capitaine lui envoyer un peu de sel et de pain. Ce que fist le dit Capitaine ; lequel lui manda, que c'estoit Jésus qui estoit marri contre lui pour les mauvais tours qu'il avoit cuydé jouer.

Et le lendemain le dit *Donnacona, Taiguragny, Domagaya,* et plusieurs autres vinrent et amenèrent la dite fille, la représentant au dit dit Capitaine, lequel n'en tint compte, et dit qu'il n'en vouloit point, et qu'ils la remenassent. A quoy répondirent faisans leurs excuses, qu'ils ne lui avoient pas conseillé de s'en aller, ains qu'elle s'en estoit allée, parce que les pages l'avoient battue, ainsi qu'elle leur avoit dit ; et prièrent derechef le Capitaine de la reprendre, et eux-mesmes la menèrent jusques aux Navires. Après lesquelles choses le Capitaine commanda apporter pain et vin, et les festoya. Puis prirent congé les uns des autres ; et dempuis sont allés et venus à nos Navires, et nous à leur demourance en aussi grand amour que jamais.

Chapitre XIII.

De la grandeur et profondeur du dit fleuve en général, et des bestes, oiseaux, poissons et autres choses que y avons vues, et la situation des lieux.

Le dit Fleuve commence passé *L'Isle de l'Assomption,* le travers des hautes montagnes de *Honguédo* et des *Sept Isles* : et y a de distance en travers environ trente-cinq ou quarante lieuës, et y a au parmi plus de deux cent brasses de parfond. Le plus profond et le plus sur à naviguer est du costé devers le Su ; et devers le Nord, savoir : ès dites *Sept Isles* y a d'un costé et d'autre environ sept lieuës, loin des dites Isles, deux grosses Rivières, qui descendent des monts du *Saguenay,* lesquelles font plusieurs bancs à la mer fort dangéreux. A l'entrée des dites Rivières avons vu grand nombre de Baleines et Chevaux de mer.

Le travers des dites Sept Isles y a une petite Rivière qui va trois ou quatre lieuës en la terre par-dessus des marais, en laquelle y a un merveilleux nombre de tous oiseaux de Rivière. Depuis le commencement du dit fleuve jusques à *Hochelaga* y a trois cent lieuës et plus, et est le commencement d'icelui à la Rivière qui vient du *Saguenay*, laquelle sort d'entre hautes montagnes et entre dedans le dit fleuve auparavant que d'arriver à la province de *Canada* de la bande devers le Nord ; et est icelle Rivière fort profonde, estroite, et fort dangéreuse à naviguer.

Après la dite Rivière est la province de *Canada*, où il y a plusieurs peuples par villages non clos. Il y a aussi aux environs du dit *Canada* dedans le dit fleuve plusieurs Isles tant grandes que petites ; et entre autres, y en a une qui contient plus de dix lieuës de long, (*) laquelle est pleine de beaux et grands arbres, et force vignes. Il y a passage des deux costés d'icelle. Le meilleur et le plus sûr est du costé devers le Su. Et au bout d'icelle Isle vers l'Ouest, y a un affourq d'eau bel et délectable pour mettre Navires, auquel y a un destroist du dit Fleuve fort courant et profond,(†) mais il n'a de large qu'environ un tiers de lieuë, le travers duquel y a une terre double de bonne hauteur toute labourée, aussi bonne terre qu'il soit possible de voir ; et là est la ville et demourance du Seigneur *Donnacona*, et de nos deux hommes qu'avions pris le premier voyage ; laquelle demourance se nomme *Stada-coné*. Et auparavant qu'arriver au dit lieu, y a quatre peuples et demeurances, savoir : *Ajoasté, Starnatam, Tailla* qui est sur une montagne, et *Satadin*, puis le dit lieu de *Stadaconé*, sous laquelle haute terre vers le Nord est la Rivière et Hâble de *Saincte Croix* : (‡) auquel lieu avons été dempuis le quinzième jour de Septembre jusqu'au sixième jour de mai mil cinq cens tronte-six ; auquel lieu les Navires demourèrent à sec, comme ci-devant est dit. Passé le dit lieu, est la demourance du peuple du *Téquenouday* et de *Hochelay* : lequel *Téquenouday* est sur une montaigne, et l'autre en un plain pays.

Toute la terre des deux côtés du dit Fleuve jusques à *Hochelaga*, et outre, est aussi belle et unie que jamais homme regarda. Il y a aucunes montaignes assez loin du dit Fleuve qu'on voit par sus les dites terres, desquelles il descend plusieurs rivières qui entrent dedans le dit

---

(*) *L'Isle d'Orléans*, à laquelle Quartier donne encore une étendue de plus de dix lieues de long.

(†) Ce *Détroit*, doit s'entendre de l'endroit ou le Fleuve St. Laurent passe entre Québec et la Pointe Lévi.

(‡) D'après ce passage de la Relation, on est porté à croire que le Village de *Stadaconé* devait être situé sur la partie du côteau Ste. Geneviève, où se trouve maintenant le Faubourg St. Jean ; et ce point une fois établi, l'ancienne *Rivière et Hâble de Ste. Croix* est incontestablement la *Rivière St. Charles* d'aujourd'hui.

Fleuve. Toute cette dite terre est couverte et pleine de bois de plusieurs sortes, et force vignes, excepté à l'entour des peuples, laquelle ils ont désertée pour faire leur demeurance et labour. Il y a grand nombre de grands Cerfs, Daims, Ours, et autres bestes. Nous y avons vu les pas d'une beste qui n'a que deux pieds, laquelle nous avons suivie longuement pardessus le sable et vase, laquelle a les pieds en cette façon: grands d'une paulme et plus. Il y a force Loutres, Bièvres, Martres, Reynards, Chats Sauvages, Lièvres, Connins, Escureils, Rats, lesquels sont gros à merveille, et autres sauvagines. Ils s'accoutrent des peaux d'icelles bestes, parcequ'ils n'ont nuls autres accoustremens. Il y a grand nombre d'oiseaux, savoir: Grues, Outtardes, Cygnes, Oies sauvages blanches et grises, Cannes, Canards, Merles, Mauvis, Tourtres, Ramiers, Chardonnerets, Tarins, Serins, Linottes, Rossignols, Passes-Solitaires, et autres oiseaux comme en France.

Aussi, comme par ci-devant est faite mention ès chapitres précédens, le dit Fleuve est le plus abondant de toutes sortes de poissons qu'il soit mémoire d'homme avoir jamais vue ni ouï; car depuis le commencement jusques à la fin, y trouverez selon les saisons la plupart des sortes et espèces de poissons de la mer et d'eau douce. Vous trouverez jusques au dit *Canada* force Baleines, Marsoins, Cheveaux de mer, *Adhothuis*, qui est une sorte de poisson duquel jamais n'avions vue, ni ouï parler. Ils sont blancs comme neige, et grands comme Marsouins, et ont le corps et la teste comme Levriers; lesquels se tiennent entre la mer et l'eau douce qui commence entre la rivière du *Saguenay* et *Canada*.

Item y trouverez en Juin, Juillet et Aoust force Macquereaux, Mulets, Bars, Sartres, grosses Anguilles, et autres poissons; ayant leur saison passée, y trouverez l'Eperlan aussi bien qu'en la Rivière de Seine. Puis au renouveau y a force Lamproies et Saulmons. Passé le dit *Canada* y a force Brochets, Truites, Carpes, Brèmes, et autres poissons d'eau douce, et de toutes ces sortes de poissons fait le dit peuple, de chacun selon leur saison, grosse pescherie pour leur substance et victuaille.

Chapitre XIV.

Chapitre d'aucuns enseignemens que ceux du Pays nous ont donné depuis estre revenus de Hochelaga.

Depuis estre arrivés de *Hochelaga* avec le Gallion et les barques avons conversé, allé et venu avecque les peuples les plus prochains de nos

Navires en douceur et amitié, fors que parfois avons eus aucuns différens avecque aucuns mauvais garçons, dont les autres éstoient fort marris et courroucés. Et avons entendu par le Seigneur *Donnacona, Taiguragny, Domagaya* et autres, que la Rivière devant dite, et nommée la Rivière de *Saguenay,* va jusques au dit *Saguenay,* qui est loin du commencement de plus d'une Lune de chemin vers l'Ouest Nor-Ouest ; et que passé huit ou neuf journées elle n'est plus parfonde que pour bateaux ; mais que le droit et bon chemin et plus sûr est par le dit Fleuve jusques su dessus de *Hochelaga* à une Rivière qui descend du dit *Saguenay* et entre au dit Fleuve, (ce que avons veu) · et que de là sont une lune à y aller. Et nous ont fait entendre qu'au dit lieu les gens sont habillés de draps comme nous, et y a force peuples et villes, et bonnes gens, et qu'ils ont grande quantité d'or et de cuivre rouge. Et nous ont dit que le tout de la terre depuis la dite première Rivière jusques au dit *Hochelaga* et *Saguenay* est une Isle, laquelle est circuite et environnée de Rivières et du dit Fleuve : et que passé le dit *Saguenay* va la dite Rivière entrant en deux ou trois grands lacs d'eau fort larges ; puis que l'on trouve une mer douce, de laquelle n'est mention avoir vue le bout, ainsi qu'ils ont ouï par ceux du *Saguenay* ; car ils nous ont dit n'y avoir été. Outre, nous ont donné à entendre, qu'au lieu où avions laissé notre Gallion quand fumes à *Hochelaga,* y a une Rivière qui va vers le Sur-Ouest,(*) où semblablement sont une lune à aller avecque leurs barques depuis Sainte Croix jusqu'à une terre où il n'y a jamais glaces ni neiges ; mais qu'en cette dite terre y a guerres continuelles les uns contre les autres, et qu'en icelle y a Oranges, Amandes, Noix, Prunes, et autres sortes de fruits, et en grande abondance, et font de l'huile qu'ils tirent des arbres, très-bonne à la guérison des plaies. Et nous ont dit les hommes et habitans d'icelle terre estre vestus et accoustrés de peaux comme eux. Après leur avoir demandé s'il y a de l'or et du cuivre, nous ont dit que non. J'estime à leur dire le dit lieu estre vers la Floride, à ce qu'ils monstraient par leurs signes et merches.

Chapitre XV.

Comme grosse maladie et mortalité qui a été au Peuple de Stadacona, de laquelle pour les avoir fréquentés en avons esté infectés, tellement qu'il est mort de nos gens jusqu'au nombre de vingt-cinq.

Au mois de Décembre fumes avertis que la mortalité s'estoit mise au peuple de *Stadacona,* tellement que jà en estoient morts par leur con-

------

(*) Anciennement la *Rivière des Iroquois,* maintenant la *Rivière Richelieu.*

fession plus de cinquante. A cause de quoi, leur fîmes défenses de non venir à notre Fort, ni entour nous. Mais nonobstant les avoir chassés, commença la mortalité entour nous d'une merveilleuse sorte, et la plus inconnue. Car les uns perdoient la soutenue, et leur devenoient les jambes grosses et enflées, et les nerfs retirés, et noircis comme charbon, et aucunes toutes semées de gouttes de sang, comme pourpre. Puis montoit la dite maladie aux hanches, cuisses, espaules, au bras et au col. Et à tous venoit la bouche si infecte et pourrie par les gencives que toute la chair en tomboit jusqu'à la racine des dents, lesquelles tomboient presque toutes.(*) Et tellement s'esprit la dite maladie en nos trois Navires, qu'à la mi-Fevrier, de cent-dix hommes que nous étions il n'y en avoit pas dix sains, tellement que l'un ne pouvoit secourir l'autre, qui estoit chose piteuse à voir, considéré le lieu où nous estions ; car les gens du pays venoient tous les jours devant notre Fort, qui peu de gens voyoient debout, et jà y en avoit huit de morts, et plus de cinquante où on espéroit plus de vie. Notre Capitaine voyant la pitié et maladie ainsi esmeue, fît mettre le monde en prières et oraisons, et fit porter une Image et remembrance de la Vierge Marie contre un arbre, distant de notre Fort d'un traict d'arc, le travers les neiges et glaces, et ordonna que le Dimanche ensuivant l'on diroit au dit lieu la Messe, et que tous ceux qui pourroient cheminer tant sains que malades, iroient à la procession, chantans les sept Psaulmes de David, avec la Litanie, en priant la dite Vierge qu'il luy plust prier son Cher Enfant qu'il eust pitié de nous ; et la Messe dite et chantée devant la dite Image, se fit le Capitaine Pélerin à Nostre Dame, qui se fait de prier à Rocçuemadou ;(†) promettant y aller, si Dieu luy donnoit grace de retourner en France. Celuy jour trépassa Philippe Rougemont, natif d'Amboise, de l'âge d'environ vingt ans.

Et parceque la dite maladie estoit incognuc, fist le Capitaine ouvrir le corps, pour voir si aurions aucune connoissance d'icelle, pour préserver si possible estoit le parsus ; et fut trouvé, qu'il avait le cœur tout blanc et flétri, environné de plus d'un pot d'eau, rousse comme datte ; le foie beau, mais avoit le poulmon tout noirci et mortifié, et s'étoit retiré tout son sang au dessus de son cœur : car quand il fut ouvert, sortit audessus du cœur une grande abondance de sang noir et infect. Pareillement, avoit la ratte par devers l'échine un peu entamée, environ

(*) C'est évidemment le *Scorbut*, maladie contagieuse alors peu connue des Euro-Péens.

(†) Ou pour mieux dire Roque Amadou, c'est-à-dire des Amans. C'est un Bourg en Querci, où il y a force pélerins.—*Lescarbot.*

deux doigts, (comme si elle eust été frottée sur une pierre rude.)
Après cela vu, lui fut ouvert et incisé une cuisse, laquelle estoit fort
noire par dehors, mais par dedans la chair fut trouvée assez belle. Ce
fait, fut inhumé du moins mal que l'on put. Dieu par sa sainte grâce
pardonne à son ame, et à tous trépassés. Amen.

Et depuis, de jour en autre s'est tellement continuée la dite maladie,
que telle heure a esté que partout les dits trois Navires n'y avoit pas
trois hommes sains. De sorte, qu'en l'un des dits Navires n'y avoit
homme qui eut peu descendre sous le tillac pour tirer à boire tant pour
lui que pour les autres. Et pour l'heure y en avoit jà plusieurs de morts,
lesquels il nous convint mettre par foiblesse sous les neiges ; car il ne
nous étoit pour lors possible d'ouvrir la terre qui estoit gelée, tant
estions foibles, et avions peu de puissance. Et si étions en une crainte
merveilleuse des gens du pays qu'ils ne s'aperçussent de notre pitié et
foiblesse. Et pour couvrir la dite maladie lorsqu'ils venoient près de
notre Fort, notre Capitaine, que Dieu a toujours préservé debout, sor-
toit au devant d'eux avecque deux ou trois hommes tant sains, que
malades, lesquels il faisoit sortir après luy ; et lorsqu'il les voyoit hors
du parc, faisoit semblant de les vouloir battre, et criant, et leur jettant
bâtons après eux, les envoyant à bord, montrant par signes ès dits Sauvages qu'il faisoit bésogner ses gens dedans les Navires : les uns à gallifester, les autres à faire du pain et autres besognes, et qu'il n'estoit
pas bon qu'ils viussent chomer dehors : ce qu'ils croyoient. Et faisoit
le dit Capitaine battre et mener bruit ès dits malades dedans les Navires
avec bâtons et cailloux, feignans gallifester : Et pour lors estions si
épris de la dite maladie, qu'avions quasi perdus l'espérance de jamais
retourner en France, si Dieu par sa bonté infinie et miséricorde ne
nous eust regardé en pitié, et donné connoissance d'un remède contre
toutes maladies, le plus excellent qui fut jamais vu ni trouvé sur la
terre, ainsi que nous dirons dans le chapitre suivant.

Chapitre XVI.

Comment nous demeurasmes au Port de Sainte Croix parmi les neiges et englacés,
et du nombre qui moururent de la dite maladie depuis son commencément jusqu'à
la mi-Mars.

Depuis la mi-Novembre jusques au dix-huitième jour d'Avril, avons
esté continuellement enfermez dedans les glaces, lesquelles avoient plus
de deux brasses d'épaisseur ; et dessus la terre y avoit la hauteur de

quatre pieds de neiges et plus : tellement qu'elle estoit plus haute que les bords de nos Navires, lesquelles ont duré jusques au dit temps : en sorte que nos bruvages estoient tous gelés dedans les futailles, et par dedans les dits Navires tant bas que haut estoit la glace contre les bois à quatre doigts d'épaisseur, et estoit tout le dit fleuve par autant que l'eau douce en contient jusques au dessus de *Hochelaga*, gelé. Auquel temps nous décéda jusques au nombre de vingt-cinq personnes des principaux et bons Compagnons qu'eussions, lesquels moururent de la maladie sus-dite : et pour l'heuré y en avoit plus de quarante en qui on espéroit plus de vie, et le parsus tous malades, que nul n'en estoit exempté, excepté trois ou quatre. Mais Dieu par sa sainte grâce nous regarda en pitié, et nous envoya connoissance et remède de notre guérison et santé, de la sorte et manière que nous allons dire en ce Chapitre suivant.

Chapitre XVII.

Comment par la grâce de Dieu nous eumes connoisance d'un certain arbre, par la vertu duquel nous recouvrîmes notre santé ; et de la manière d'en user.

Un jour notre Capitaine voyant la maladie si émue, et ses gens si fort épris d'icelle, estant sorti hors du Fort, et soy promenant sur la glace, apperçut venir une bande des gens de *Stadaconé*, en laquelle estoit *Domagaya*, lequel le Capitaine avoit veu depuis dix ou douze jours fort malade de la propre maladie qu'avoient ses gens : car il avoit l'une de ses jambes aussi grosse qu'un enfant de deux ans, et tous les nerfs d'icelle retirez, les dents perdues et gâtées, et les gencives pourries et infectes. Le Capitaine voyant le dit *Domagaya* sain et guéri fut fort joyeux, espérant par lui sçavoir comme il s'étoit guéri, à fin de donner aide et secours à ses gens. Et lorsqu'ils furent arrivez près le Fort, le Capitaine lui demanda comme il s'estoit guéri de sa maladie : lequel *Domagaya* repondit, qu'avec le jus des feuilles d'un arbre, et le marc, il s'estoit guéri, et que c'étoit le singulier remède pour cette maladie. Lors le Capitaine demanda s'il y en avoit point là entour, et qu'il lui en montrast pour guérir son Serviteur qui avoit pris la dite maladie en la maison du Seigneur *Donnacona* : ne lui voulant déclarer le nombre des Compagnons qui estoient malades. Lors le dit *Domagaya* envoya deux femmes avec notre Capitaine pour en querir, lesquelles en apportèrent neuf ou dix rameaux, et nous montrèrent qu'il falloit piler l'écorce et les feuilles du dit bois, et mettre le tout bouïllir en l'eau, puis boire de la dite eau de deux jours l'un, et mettre le marc sur les

jambes enflées et malades, et que de toutes maladies le dit arbre gué-
rissoit ; et s'appelle le dit arbre en leur langage *Annedda*.(*)

Tot-après le Capitaine fit faire du breuvage pour faire boire ès malades, desquels n'y en avoit nul d'eux voulut icelui essayer, sinon
un ou deux qui se mirent en aventure d'icelui essayer. Tot-après qu'ils
en eurent bu ils, eurent l'avantage, qui se trouva être un vray et évident
miracle. Car de toutes maladies de quoy ils estoient entachés, après en
avoir bu deux ou trois fois, recouvrèrent santé et guérison ; tellement
que tel des Compagnons qui avoit la vérole puis cinq ou six ans auparavant la dite maladie, a esté par la dite médecine curé nettement.
Après ce avoir vu, y a une telle presse qu'on se vouloit tuer sur la dite
médecine à qui premier en auroit ; de sorte qu'un arbre aussi gros et
aussi grand que je vis jamais arbre, a esté employé en moins de huit
jours ; lequel a fait telle opération, que si tous les médecins de Louvain
et Montpellier y eussent esté avec toutes les drogues d'Alexandrie, ils
n'en eussent pas tant fait en un an, que le dit arbre a fait en huit jours.
Car, il nous a tellement profité, que tous ceux qui en ont voulu user ont
recouvert santé et guérison ; la grâce à Dieu.

Chapitre XVIII.

Comment le Seigneur Donnacona accompagné de Taiguragny et divers autres,
feignans d'estre allés à la chasse des Cerfs et autres bestes, furent deux mois
absents, et à leur retour amenèrent grand nombre de gens avec eux que n'avions
coutume de voir.

Durant le temps que la maladie et mortalité régnoit en nos Navires,
se partirent *Donnacona*, *Taiguragny*, et plusieurs autres feignans aller
prendre des Cerfs et autres bestes, lesquels ils nomment en leur langage
Ajonnesta et *Asquenoudo*, parce que les neiges estoient grandes, et que les
glaces estoient jà rompues dedans le cours du Fleuve : tellement qu'ils
pouvoient naviguer par icelui : et nous fut par *Domagaya* et autres dit,
qu'ils ne seroient que quinze jours : ce que nous croyons ; mais ils furent
deux mois sans retourner. Au moyen de quoi eumes suspection qu'ils
ne se fussent allés amasser grand nombre de gens pour nous faire déplaisir, parce qu'ils nous voyoient si affoiblis. Nonobstant qu'avions mis
si bon ordre en notre fait, que si toute la puissance de leur terre y eût
esté, ils n'eussent sceu faire autre chose que nous regarder. Et pendant
le temps qu'ils estoient dehors, venoient tous les jours force gens à nos
Navires, comme ils avoient de coutume, nous appportans de la chère

(*) C'est l'*Epinette Blanche*.

frêche de Cerfs, Daims, et poissons frais de toutes sortes qu'ils nous vendoient assez cher, ou mieux l'aimoient remporter, parce qu'ils avoient nécessité de vivres pour lors, à cause de l'hiver qui avoit esté long, et qu'ils avoient mangé leurs vivres et estouremens.

Chapitre XIX.

Comment Donnacona revint à Stadaconé avec grand nombre de peuple, et de ce qu'il ne vint faire visite à notre Capitaine, feignant être bien malade, ce qu'il fist afin que le Capitaine allast le voir.

Et le vingt-unième jour du mois d'Avril, *Domagaya* vint à bord de nos Navires accompagné de plusieurs gens, lesquels estoient beaux et puissans, et n'avions accoutumé de les voir, qui nous dirent que le Seigneur *Donnacona* seroit le lendemain venu, et qu'il apporteroit force chair de Cerf et autre venaison. Et le lendemain arriva le dit *Donnacona*, lequel amena en sa compagnie grand nombre de gens du dit *Stadaconé*; ne sçavions à quelle occasion, ni pourquoy. Mais, comme on dit en un proverbe, "qui de tous se garde et d'aucuns échappe." Ce que nous estoit de nécessité; car nous estions si affoiblis, tant de maladies, que de nos gens morts, qu'il nous a fallu laisser un de nos Navires (*) au dit lieu de *Saincte Croix*.

Le Capitaine estant averti de leur venue, et qu'ils avoient amené tant de peuple, ainsi que *Domagaya* le vint dire au dit Capitaine, sans vouloir passer la Rivière qui estoit entre nous et le dit *Stadaconé*, ains fit difficulté de passer; ce que n'avoit coutume de faire, au moyen de quoy eumes suspection de trahison. Voyant ce, le dit Capitaine envoya son serviteur nommé Charles Guyot, lequel estoit plus que tout autre aimé du peuple de tout le pays, pour voir qui estoit au dit lieu, et ce qu'ils faisoient: le dit Serviteur feignant estre allé voir le dit Seigneur *Donnacona*, parce qu'il avait demeuré longtemps avec lui, lequel lui porta aucun présent. Et lorque le dit *Donnacona* fut averti de sa venue, fist le malade, et se coucha, disant au dit serviteur qu'il estoit fort malade. Après, alla le dit Serviteur en la maison de *Taiguragny* pour le voir, où partout il trouva les maisons si pleines de gens qu'on ne se pouvoit tourner, lesquels on n'avoit accoutumé de voir: et ne voulut permettre le dit *Taiguragny* que le dit Serviteur alla ès autres maisons, ains le convoya vers les Navires environ la moitié du chemin: et lui dit, que si le Capitaine lui vouloit faire plaisir de prendre un Seigneur du pays nommé *Agona*, lequel lui avoit fait déplaisir, et l'emmener en France, il feroit tout ce que voudroit le dit Capitaine, et qu'il retournast le lendemain dire la réponse.

(*) Probablement la *Petite Hermine*.

Quand le Capitaine fut averti du grand nombre de gens qui estoient au dit *Stadaconé*, ne sachant à quelle fin, se délibéra leur jouer une finesse, et prendre leur Seigneur, *Taiguragny*, *Domagaya*, et des principaux ; et aussi qu'il estoit bien délibéré de mener le dit Seigneur en France, pour conter et dire au Roy ce qu'il avoit vu ès pays Occidentaux des merveilles du monde. Car il nous a certifié avoir esté à la terre du *Saguenay*, où il y a infini Or, Rubis, et autres richesses ; et y sont les hommes blancs comme en France, et accoustrés de draps de laine. Plus, dit avoir vu autre pays où les gens ne mangent point, et n'ont point de fondement, et ne digèrent point, ains font seulement eau par la verge. Plus, dit avoir esté en un autre pays de *Piquemains*, et autres pays où les gens n'ont qu'une jambe, et autres merveilles longues à raconter. Le dit Seigneur est homme ancien, et ne cessa jamais d'aller par pays depuis sa connoissance, tant par fleuves, rivières, que par terre.

Après que le dit Serviteur eut fait son message, et dit à son maître ce que le dit *Taiguragny* lui mandoit, renvoya le dit Capitaine son Serviteur le lendemain dire au dit *Taiguragny* qu'il le vint voir, et lui dire ce qu'il voudroit, et qu'il lui feroit bonne chère, et partie de son vouloir. Le dit *Taiguragny* lui manda qu'il viendroit le lendemain, et qu'il ameneroit *Donnacona* et le dit homme qui lui avoit fait déplaisir. Ce que ne fist ; ains fut deux jours sans venir, pendant lequel temps ne vint personne ès Navires, du dit *Stadaconé*, comme avoient de coutume, mais nous fuyoient comme si les eussions voulu tuer. Lors apperçumes leur mauvaitié. Et pour ce qu'ils furent avertis que ceux de *Stadin* alloient et venoient entour nous, et que leur avions abandonné le fond du Navire que laissions pour avoir les vieux clous, vinrent tout le tiers jour du dit *Stadaconé* de l'autre bord de la Rivière, et passèrent la plus grande partie d'eux en petits bateaux sans difficulté. Mais le dit *Donnacona* n'y voulu passer ; et furent *Taiguragny* et *Domagaya* plus d'une heure à parlementer ensemble, avant que vouloir passer ; mais enfin passèrent et vinrent parler au dit Capitaine. Et pria le dit *Taiguragny* le Capitaine vouloir prendre et emmener le dit homme en France ; ce que refusa le Capitaine, disant que le Roy son maître lui avoit défendu de non amener homme ni femme en France, mais bien deux ou trois petits garçons, pour apprendre le langage. Mais que volontiers il l'emmeneroit en Terre-Neuve, et le mettroit en une Isle. Ces paroles disoit le Capitaine pour les assurer, et à celle fin d'amener le dit *Donnacona*, lequel estoit demeuré delà l'eau. Desquelles parolles fut fort joyeux le dit *Taiguragny*, espérant ne retourner jamais en France ; et promit au dit Capitaine de retourner le lendemain, qui estoit le jour de *Saincte Croix*, et amener le dit Seigneur *Donnacona* et tout le peuple du dit *Stadaconé*.

Chapitre XX.

Comment le jour de Saincte Croix le Capitaine fist planter une Croix dedans nostre
Fort, et comment le Seigneur Donnacona, Taiguragny et Domagaya et leur bande
vinrent ; et de la prise du dit Seigneur.

Le troisième jour de May, jour et feste de *Saincte Croix,* pour la
solennité et feste le Capitaine fist planter une belle Croix de la hauteur
d'environ trente-cinq pieds de longueur, sous le croizillon de laquelle
il y avoit un Ecusson en bosse des armes de France : et sur icelui estoit
écrit en lettres antiques : FRANCISCUS PRIMUS, DEI GRATIA FRANCORUM
REX, REGNAT. Et celui jour environ midi, vinrent plusieurs gens de
Stadaconé tant hommes, femmes, qu'enfans qui nous dirent que leur
Seigneur *Donnacona, Taiguragny, Domagaya,* et autres qui estoient en
sa compagnie, venoient : de quoy fumes joyeux, espérans nous en saisir,
lesquels vinrent environ deux heures après midi. Et lors qu'ils furent
arrivés devant nos Navires, notre Capitaine alla saluer le Seigneur
Donnacona, lequel pareillement lui fist une grande chère, mais toutefois
avoit l'œil au bois, et une crainte merveilleuse. Tost après arriva
Taiguragny, lequel dit au Seigneur *Donnacona* qu'il n'entrast point
dedans le Fort. Et lors fut par l'un de leurs gens apporté du feu hors
du dit Fort, et allumé pour le dit Seigneur. Nostre Capitaine le pria
de venir boire et manger dedans le Navire, comme avoit de coutume, et
semblablement le dit *Taiguragny,* lequel dit que tantost ils iroient. Ce
qu'ils fisrent, et entrèrent dedans le dit Fort. Mais auparavant, avoit
esté nostre Capitaine averti par *Domagaya* que le dit *Taiguragny* avoit
mal parlé, et qu'il avoit dit au Seigneur *Donnacona* qu'il n'entrast point
dedans les Navires. Et nostre Capitaine voyant ceci, sortit hors du
parc, où il estoit, et vit que les femmes s'enfuyoient par l'avertissement
du dit *Taiguragny,* et qu'il ne demeuroit que les hommes, lesquels
estoient en grand nombre. Et commanda le dit Capitaine à ses gens
prendre le dit Seigneur *Donnacona, Taiguragny, Domagaya,* et deux
autres des principaux qu'il montra ; puis qu'on fist retirer les autres.
Tost après le dit Seigneur entra dedans avec le dit Capitaine. Mais
tout soudain le dit *Taignragny* vint pour le faire sortir. Nostre Capitaine voyant qu'il n'y avoit autre ordre, se prit à crier qu'on les prit.
Auquel cri sortirent les gens du dit Capitaine, lesquels prirent le dit
Seigneur, et ceux qu'on avoit délibéré de prendre. Les dits Canadiens
voyant la dite prise, commencèrent à fuir et courir comme brebis devant
le loup, les uns le travers la Rivière, les autres parmi le bois, cherchant
chacun son avantage. La dite prise ainsi faite des susdits, et que les
autres se furent tous retirés, furent mis en sûre garde le dit Seigneur,
et ses compagnons.

Chapitre XXI.

Comment les Canadiens vinrent la nuit devant les Navires chercher leurs gens, durant
laquelle ils hurloient et crioient comme loups, et le partement et conclusion
qu'ils fisrent le lendemain, et des présents qu'ils fisrent à nostre Capitaine.

La nuit venue vinrent devant nos Navires, (la Rivière entre deux,)
grand nombre du peuple du dit *Donnacona*, huchans et hurlans toute la
nuit comme loups, criant sans cesse : *Agohanña, Agohanña*, pensans
parler à lui. Ce que ne permit le dit Capitaine pour l'heure, ni le matin
jusques environ midi. Par quoi nous faisoient signe que les avions tués
et pendus. Et environ l'heure de midi retournèrent derechef, en aussi
grand nombre qu'avions vu de nostre voyage pour un coup, eux tenans
cachés dedans le bois, fors aucuns d'eux qui crioient et appelloient à
haute voix le dit *Donnacona*. Et lors commanda le Capitaine faire
monter le dit *Donnacona* haut pour parler à eux. Et lui dit le dit
Capitaine qu'il fist bonne chère, et qu'après avoir parlé au Roy de
France son maistre, et conté ce qu'il avoit vu au *Saguenay* et autres
lieux, il reviendroit dans dix ou douze lunes, et que le Roy lui feroit
un grand présent. De quoy fut fort joyeux le dit *Donnacona*, lequel le
dit aux autres en parlant à eux, lesquels en fisrent trois merveilleux cris
en signe de joie. Et à l'heure fisrent le dit peuple et *Donncona* entre
eux plusieurs prédications et cérémonies, lesquelles il n'est possible
d'écrire faute de les entendre. Nostre Capitaine dit au dit *Donnacona*
qu'ils vinssent sûrement de l'autre bord pour mieux parler ensemble, et
qu'il les assuroit. Ce que leur dit le dit *Donnacona*. Et sur ce, vint une
barque des principaux à bord des dits Navires, lesquels derechef commencèrent à faire plusieurs preschemens en donnant louange à nostre
Capitaine, et lui fisrent présent de ving-quatre colliers d'*Esurgny* qui
est la plus grande richesse qu'ils aient en ce monde ; car ils l'estiment
mieux qu'or ni argent. Après qu'ils eurent assez parlementé et devisé
les uns avec les autres, et qu'il n'y avoit remède au dit Seigneur d'é-
chapper, et qu'il falloit qu'il vint en France, il leur commanda qu'on lui
apportast vivres pour manger par la mer, et qu'on les lui apportast le
lendemain. Nostre Capitaine fist présent au dit *Donnacona* de deux
baillœs d'airain, et de huit hachots et autres menues besognes, comme
Co. eaux et Patenostres ; de quoi fust fort joyeux, à son semblant, et
les envoya à ses femmes et enfants. Pareillement donna le dit Capitaine
à ceux qui estoient venus parler au dit *Donnacona* aucuns petits présens,
desquels remercièrent fort le dit Capitaine ; et tous se retirèrent et s'en
allèrent à leurs logis.

Chapitre XXII.

Comment le lendemain, cinquième jour de May, le dict peuple retourna pour parler à leur Seigneur : Et comme il vint quatre femmes à bord lui apporter des vivres.

Le lendemain cinquième jour du dit mois, au plus matin, le dit peuple retourna en grand nombre pour parler à leur Seigneur, et envoyèrent une barque qu'ils appellent *Casnony*, en laquelle y estoient quatre femmes, sans y avoir aucuns hommes pour le doubte qu'ils avaient qu'on les retint. Lesquelles apportèrent force vivres, sçavoir : gros mil, qui est le blé duquel ils vivent, chair, poisson, et autres provisions à leur mode. Esquelles après estre arrivées ès Navires fist le Capitaine bon recueil. Et pria *Donnacona* le Capitaine qu'il leur dist que dedans douze lunes il retourneroit, et qu'il ameneroit le dit *Donnacona* à *Canada* ; et ce, disoit pour les contenter. Ce que fist le dit Capitaine ; dont les dites femmes firent un grand semblant de joie, et monstrans par signes et parolles au dit Capitaine que mais qu'il retournast et amenast le dit *Donnacona* et autres, ils luy feroient plusieurs présens. Et lors chacune d'elles donna au dit Capitaine un Collier d'*Esurgny*, puis s'en allèrent de l'autre bord de la Rivière où estoit tout le peuple du dit *Stadacona* ; puis se retirèrent, et prirent congé du dit Seigneur *Donnacona*.

Le Samedi, sixième jour de May, nous apparcillasmes du Havre *Saincte Croix*, et vinmes poser au bas de *l'Isle d'Orléans* environ douze lieues du dit lieu *Sainte Croix*. Et le Dimanche vinmes à *l'Isle ès Coudres*, où avons esté jusqu'au Lundi sixième jour du dit mois, laissans amortir les eaux, lesquelles estoient trop courantes et dangéreuses pour avaller le dit fleuve. Pendant lequel temps vinrent plusieurs barques des peuples subjets du dit *Donnacona*, lesquels venoient de la Rivière du *Saguenay*. Et lorsque par *Domagaya* feurent avertis de la prise d'eux, et de la façon et manière comme on menoit le dit *Donnacona* en France, furent bien estonnés ; mais ne laissèrent à venir le long des Navires parler au dit *Donnacona*, qui leur dit, que dans douze lunes il retourneroit, et qu'il avoit bon traitement avecque le Capitaine et les Compagnons. De quoy tous à une voix remercièrent le dit Capitaine, et donnèrent au dit *Donnacona* trois pacquets de peaux de Bièvres et Loups marins, avecque un grand Cousteau de cuivre rouge, qui vient du dit *Saguenay*, et autres choses. Ils donnèrent aussi au Capitaine un Collier d'*Esurgny*. Pour lesquels présens leur fist le Capitaine donner dix ou douze hachots ; desquels furent fort contents et joyeux, remercians le dit Capitaine, puis s'en retournèrent.

I

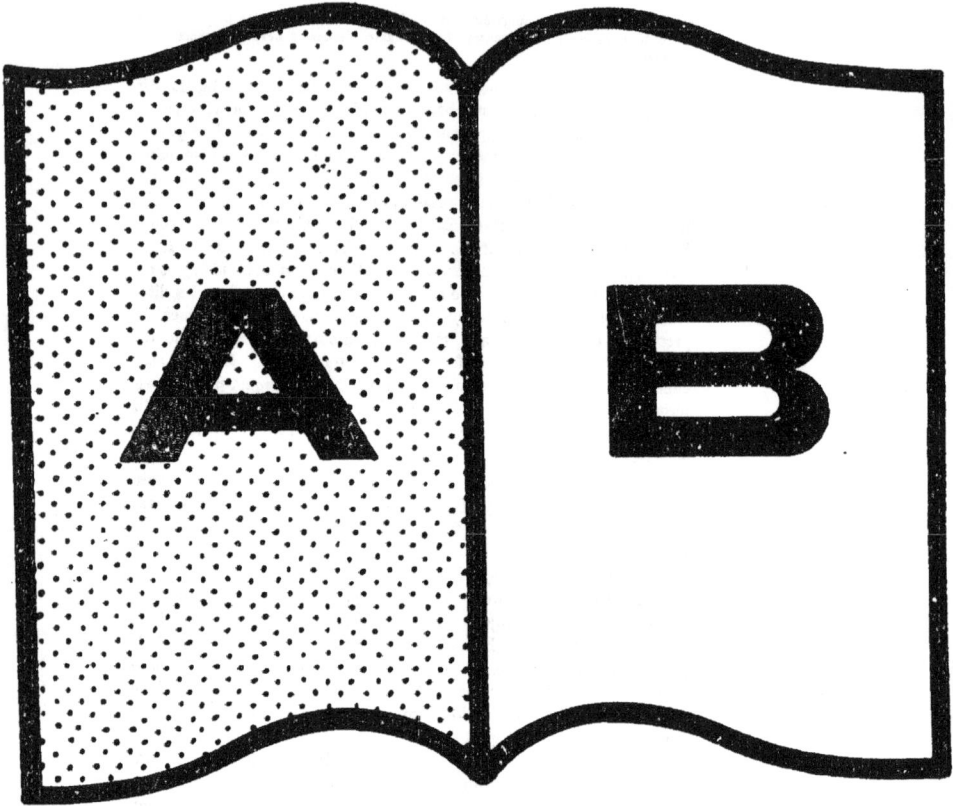

Contraste insuffisant

NF Z 43-120-14

Le passage est plus seur et meilleur entre le Nord et la dicte Isle, que vers le Su, pour le grand nombre des basses, bancs et rochers qui y sont, et aussi qu'il y a petit fonds.

Le lendemain seizième jour de May, nous appareillasmes de la dite *Isle ès Coudres*, et vinmes poser à une Isle qui est à environ quinze lieues de la dite Isle, laquelle est grande d'environ cinq lieuës de long, et là posames celuy jour pour passer la nuit, espérans le lendemain passer les dangers du *Saguenay*, lesquels sont fort grands. Le soir fusmes à la dite Isle où trouvasmes grand nombre de Lièvres, desquels nous eusmes quantité. Et pour ce, la nommasmes *l'Isle ès Lièvres*. Et la nuist le vent vint contraire, et en tourmente, tellement qu'il nous fallut relâcher à *l'Isle ès Coudres* d'où estions partis, parcequ'il n'y a autre passage entre les dites Isles, et y fusmes jusqu'au vingt-et-unième jour du dit mois, que le vent vint bon ; et tant fismes par nos journées que nous passames jusques à *Honguedo*, (*) entre *l'Isle de l'Assomption*, et le dit *Honguedo*, lequel passage n'avoit pardevant été découvert. Et fismes courir jusques le travers du *Cap de Prato* (†) qui est le commencement de la *Baie de Chaleur*. Et parceque le vent estoit convenable et bon à plaisir, fismes porter le jour et la nuict ; et le lendemain vinmes querir au corps *l'Isle de Brion*, ce que voulions faire pour l'abrégé de nostre chemin : gisantes les deux terres Su-Ouest et Nord-Ouest un quart de l'Est et de l'Ouest ; et y a entre eux cinquante lieuës. La dite Isle est en quarante-sept degrés et demi de latitude.

Le Jeudi, vingt-cinquième jour du dit mois, jour et feste de l'Ascension de Nostre Seigneur, nous traversames à une terre et sillon de basses araines, qui demeurent au Su-Ouest de la dite *Isle de Brion* environ huit lieues, parsus lesquelles y a de grosses terres pleines d'arbres ; et y a une mer enclose, dont nous n'avons veu aucune entrée ni ouverture par où entre icelle mer.

Et le Vendredi, vingt-sixième, parceque le vent chargeoit à la coste, retournasmes à la dite *Isle de Brion*, où fusmes jusqu'au premier jour de Juin, et vinmes querir une terre haute qui demeure au Su-Est de la dite Isle, qui nous apparoissoit estre une Isle, et la rengeames environ deux lieuës et demie, faisans lequel chemin, eumes connoissance de trois autres Isles qui demeuroient vers les araines ; et pareillement les dites araines estre Isle, et la dite terre qui est terre haulte et unie estre terre certaine se rabattant au Nor-Ouest. Après lesquelles

(*) Aujourd'hui le *Mont Louis.*
(†) Ou *Cap du Pré*, aujourd'hui le *Cap Forillon.*

choses connuees, retournasmes au Cap de la dite terre qui se fait à deux ou trois Caps hauts à merveille, et grand profond d'eau, et la marée si courante, qu'il n'est possible de plus. Nous nommasmes celui cap le *Cap de Lorraine,* (*) qui est en quarante-six degrés et demi. Au Su duquel Cap y a une basse terre, et semblant d'entrée de rivière : mais il n'y a hable qui vaille, parsus lesquelles vers le Su, demeure un Cap que nous nommasmes le *Cap Sainct Paul,*(†) qui est en quarante-sept degrés un quart.

Le Dimanche, troisième jour du dit mois, jour et feste de la Pente-coste, eumes connoissance de la côte d'Est Su-Est de Terre-Neuve, estant à vingt-deux lieuës du dit Cap. Et pour ce que le vent estoit contraire, fusmes à un Hable que nous nommasmes le *Hable du Saint Esprit,* (‡) jusques au Mardi qu'apparcillasmes du dit Hable et recon-neumes la dite côte jusques aux *Isles de Sainct Pierre.*(§) Lequel chemin faisans, tournasmes le long de la dite côte plusieurs Isles et basses fort dangéreuses estant en la route d'Est Su-Est, et Ouest Nor-Ouest, à deux, trois et quatre lieuës à la mer. Nous fusmes aux dites *Isles Saint Pierre,* où trouvasmes plusieurs Navires tant de France, que de Bretagne, depuis le jour Sainct Barnabé, onzième de Juin, jusqu'au seizième du dit mois qu'apparcillasmes des dites *Isles St. Pierre* et vinmes au *Cap de Raze,* et entrasmes dedans un Hable nommé *Rognousi* (a) où prinmes eau et bois pour traverser la mer, et là laissasmes une de nos barques et apparcillasmes du dit Havre le Lundi, dix-neuvième jour du dit mois ; et avec bon temps avons navigué par la mer, tellement que le seizième jour de Juillet sommes arrivés au Hable de Sainct Malo. La grâce au Créateur, le priant, faisant fin à nostre navigation, nous donner sa grâce et paradis à la fin. Amen.

ENSUIT LE LANGAGE DES PAYS ET ROYAUME DE HOCHELAGA ET CANADA, AUTREMENT APPELLES PAR NOUS LA NOUVELLE FRANCE.

Et premierement leur maniere de compter :

SECADA 1		INDAHIR.........6	
TIGNENI.........2		AYAGA...........7	
HASCHE' 3		ADDEGUE........8	
HANNAÏON.......4		MADELLON 9	
OUISÇON........5		ASSEM 10	

(*) C'est le *Cap Nord* de l'Isle Royale, ou Cap Breton.
(†) On pense que c'est le *Cap d'Aspé,* sur la côte Est du Cap Breton.
(‡) Aujourd'hui le *Port aux Basques,* sur le Côté Sud de Terre-Neuve.
(§) Les Isles de *St. Pierre de Miquelon.*
(a) C'est la *Baie des Trépassés,* sur la Côte Sud de Terre-Neuve.

Ci-suivent les noms des diverses parties du corps, et autres mots nécessaires à savoir :

La Tête...............	AGGONZI.	Un Garçon..........	ADDEGUETA.
Le Front	HEGUENIASCON.	Une Fille..........	AGNIAQUESTA.
Les Yeux...........	HEGATA.	Un petit enfant...	EXIASTA.
Les Oreilles......	ABONTASCON.	Une Robe	CABATA.
La Bouche.........	ESAHE'.	Un Pourpoinf....	COIOZA.
Les Dents........	ESGONGAY.	Des Chausses.....	HEMONDOHA.
La Langue	OSNACHE.	Des Souliers......	ATHA.
La Gorge..........	AGOUHON.	Des Chemises	AMIGOUA.
Le Menton........	HEBELIN.	Un Bonnet	CASTRUA.
Le Visage.........	HEGOUASCON.	Leur Bled,.........	OSIZY.
Les Cheveux	AGANISCON.	Pain'...............	CANACONY.
Les Bras..........	AIAYSCON.	Eau ,.............	AME.
Les Aissolles......	HETNENDA.	Chair...............	QUAHOUASCON.
Les Côtés..........	AISSONNE.	Poisson	QUEÏON.
L'Estomach	AGGRUASCON.	Prunes	HONNESTA.
Le Ventre........	ESCHEHENDA.	Figues.............	ABSCONDA.
Les Cuisses.......	{ HETNEGRADAS-CON.	Raisins.............	OSAHA.
		Noix...............	QUAHOYOA.
Le Genouil.......	{ AGOCHINEGO-DASCON.	Une Poule	SAHOMGAHOA.
		Un Arc.............	AHENCA.
Les Jambes........	{ AGOUGUENÉ-ONDE'.	Une Flèche.......	QUATETAN.
		Allons à la chasse	{ QUASIGNO DO-NASCAT.
Les Pieds.........	ONCHIDASCON.		
Les Mains.........	AÏGNOASCON.	Un Cerf...........	AÏONNESTA.
Les Doigts........	AGENOGA.	Des Daims ; ils	
Une Lamproye...	ZISTO.	disent que ce	
Un Saumon.......	ONDACON.	sont des mou-	{ ASQUENONDO.
Une Baleine	AINNEHONE.	tons, et les	
Une Anguille.....	ESQUENY.	appellent	
Un Escureuil......	CAIOGANEM.	Un Lièvre........	SOURHAMEDA.
Une Couleuvre...	OUNDEQUEZY.	Un Chien........	AGAYA.
Des Tortues......	HELEUXIAMA.	Des Oyes.........	SADEQUENDA.
Le Bois............	CONDA.	Le Chemin........	ADDE.
Feuilles des Bois.	HOGA.	La graine de	
Leur Dieu	CUDRAGNY.	concombres ou	{ CASCONDA.
Donnez-moi à } boire.........	QUAZAHOAQUEA.	de melons......	
		A demain.........	AÇHIDE.
Donnez-moi à } déjeuner	QUAZAHOAQUAS-CABOA.	Le Ciel...........	QUENHIA.
		La Terre	DAMGA.

Donnez-moi à souper....... }	QUAZAHOAQUA-FREA.	Le Soleil..........	YSNAY.
Allons nous coucher...... }	CASIGÑO AGNY-DAHOA.	La Lune..........	ASSOMAHA.
Bonjour	AIGNARE.	Les Estoiles......	SIGNEHOHAM.
Allons jouer.....	CASIGNO CAUDY.	Le Vent..........	CAHOHA.
Venez parler à moi........... }	ASSIGNIQUADDA. DIA.	La Mer...........	AGOGASY.
Regardez-moi....	QUATGATHOMA.	Les Vagues	CODA.
		Une Isle..........	COHENA.
Taisez-vous	AÏSTA.	Une Montagne...	OGATCHA.
		La Glace..........	HONNESCA.
Allons au bateau. }	CASIGNO CAS-NOUY.	La Neige..........	CAMSA.
		Le Froid..........	ATHAN.
		Le Chaud........	ODAZANI.
Donnez-moi un couteau....... }	QUASOHOA-AGO-HEDA.	Le Feu...........	AZISTA.
		La Fumée........	QUEA.
Un Hachot........	ADDOGNE.	Une Maison......	CANOCHA.
Les Ongles........	AGUEDASCON.	Leurs Febves.....	SAHE.
Les parties honteuses de l'homme. }	AINOASCON.	Une Ville.......... {	CANADA ou KANNATA.
		Mon Père........	ADDATHY.
Les parties honteuses de la femme .... }	CASTAIGNE.	Ma Mère..........	ADANAHCE.
		Mon Frère.......	ADDAGRIM.
		Ma Sœur..........	ADDOHASSUE.
Un homme,.......	AGUEHAN.	La Canelle....;...	ADDOTATHUY.
Une femme.......	AGUEASTE.	Le Girofle.........	CANONOTHA.

Ceux du *Canada* disent, qu'il faut une Lune à naviguer depuis *Hochelaga* jusqu'à une Terre où se prend la Canelle et le Girofle.

Ici finit la Relation de Jacques Quartier de la Découverte et Navigation aux Terres-Neuves par lui appellées Nouvelle France.

FIN DU SECOND VOYAGE.

LE TROISIEME VOYAGE DES DECOUVERTES FAITES PAR LE CAPITAINE
JACQUES QUARTIER, EN L'ANNEE 1540, DANS LES PAYS DE CANADA,
HOCHELAGA ET SAGUENAY.

(*Traduit de Hakluyt.*)

Chapitre I.

Le Roy François Premier, ordonne à Jacques Quartier de faire de plus amples
découvertes vers les Païs de Canada, Hochelaga et Saguenay. Ses préparatifs,
et son départ de St. Malo, avec cinq Navires. Son arrivée au Port de Ste. Croix.
Il bâtit un fort à quatre lieues plus outre, en un lieu qu'il appelle Charlesbourg
Royal.

Le Roy François Premier, ayánt ouï ce qu'avoit rapporté le Capitaine
Quartier, son Pilote Général, de ses deux premiers Voyagés de découvertes, tant par ses écrits que verbalement, touchant ce qu'il avoit trouvé
et veu dans les Terres Occidentales par lui découvertes, dans les pays de
Canada et *et Hochelaga*, et ayánt aussi veu et conversé avec les Hommes
Sauvages que le dit Quartier avoit amenés de ces Pays, l'un desquels
était Roy du *Canada*, et qui avoit pour nom *Donnacona*, et autres : lesquels après avoir vécus longtemps en France, et au Païs de la Bretagne,
y furent baptisés selon leur désir et demande, et trépassèrent ensuite
dans le dit Pays de Bretagne. Et quoique Sa Majesté eut été informée
par le dit Quartier de la mort et décès de tous les Hommes Sauvages
qui avoient ainsi été amenés par lui (lesquels étoient au nombre de dix)
à l'exception d'une petite fille d'environ dix ans, cependant elle résolut
d'y envoyer de nouveau le dit Quartier son Pilote, avec Jean François
de la Rocque, Chevalier, Seigneur de Roberval, qu'elle nomma son
Lieutenant et Gouverneur dans les Païs de *Canada et Hochelaga*, et le
dit Quartier comme Capitaine Général et Maitre Pilote des Vaisseaux,
afin de faire plus amples découvertes qu'il n'avoit été faites dans les
précédens voyages, et atteindre (s'il était possible) à la connoissance du
Païs du *Saguenay*, duquel le Peuple, amené par le dit Quartier, comme
il est dit, avoit rapporté au Roy, qu'il s'y trouvoit de grandes richesses
et de très-bons Païs. Le Roy donc, commanda, qu'il fut baillé certains
deniers à l'effet d'entreprendre le dit voyage avec Cinq Navires : laquelle chose fut faite par les dits Sieurs de Roberval et Quartier ; lesquels s'accordèrent d'apprêter les dits Cinq Navires à Saint Malo en
Bretagne, là même où les deux premiers voyages avoient été apprêtés et

d'où les Vaisseaux avoient pris leur départ, et auquel lieu le dit Sieur Roberval envoya Quartier pour la même fin. Et après que Quartier eut fait préparer et mettre en bon ordre les dits Cinq Navires, le Sieur de Roberval se rendit à Saint Malo où il trouva les Navires en rade, les vergues hautes, tous prêts à partir et faire voile, n'attendans autre chose que la venue du Général, et le paiement des dépenses. Et comme le Sieur de Roberval le Lieutenant du Roy, n'avait pas encore reçu son artillerie, ses poudres et munitions, et autres choses nécessaires dont il s'étoit pourvu pour ce voyage dans les Païs de Champagne et de Normandie, et parceque les choses susdites lui étoient très nécessaires, et qu'il ne pouvoit se résoudre à les laisser en arrière, il se détermina de partir de St. Malo pour aller à Rouen, et là y faire apprêter un ou deux Navires à *Honfleur* où il pensoit que toutes ces choses étoient venues ; et que le dit Quartier partiroit incontinent avec les Cinq Navires qu'il avoit préparés, et prendrait les devants. Considérant aussi, que le dit Quartier avait reçu des lettres du Roy, par lesquelles il lui enjoignoit expressément de partir et faire voile incessamment à la vue et recette d'icelles, à peine d'encourir son déplaisir, et de lui en imputer tout le blâme. Après avoir délibéré toutes ces choses, et que le dit Sieur de Roberval eut fait un état et revue de tous les Gentilshommes, Soldats et Matelots qui avoient été retenus et choisis pour l'entreprise de ce voyage, il donna au dit Quartier pleine autorité de partir et prendre les devants, et de se conduire en toutes choses comme s'il s'y fut trouvé en personne ; et lui-même prit son départ pour *Honfleur* afin de faire ses autres préparatifs. Après ces choses ainsi faites, le vent devenant favorable, les susdits Cinq Navires firent voile ensemble, bien fournis de victuailles pour deux ans, le vingt-troisième jour de Mai 1540.

Et nous naviguâmes si longtemps, par des vents contraires, et des tourmentes continuelles qui nous arrivèrent à cause du retardement de notre départ, que nous fûmes sur la mer plus de trois mois avant de pouvoir arriver au Port et Hâvre du *Canada*, sans avoir eu pendant tout ce temps trente heures de bon vent qui put nous servir à suivre notre droit chemin : de sorte, que nos Cinq Navires à cause de ces tempêtes s'entreperdirent les uns des autres, sauf deux qui demeurèrent ensemble, savoir : celui où étoit le Capitaine, et l'autre dans lequel se trouvoit le Vicomte de Beaupré, jusques enfin au bout d'un mois que nous nous rencontrâmes au Hâvre de *Carpont* en la *Terre-Neuve*. Mais la longueur du temps que nous fûmes à passer entre la Bretagne et la *Terreneuve* fut cause, que nous nous trouvames en grand besoin d'eau, rapport au Bestial, aussi bien que des Chèvres, Porcs et autres animaux que nous avions apporté pour y multiplier dans le Païs, lesquels nous fumes nécessités d'abreuver avec du Cidre et autres breuvages. Ayant donc été l'espace de trois mois à naviguer sur la mer, nous étant arrêtés à *Terreneuve*, attendans le Sieur de Roberval, et faisant provision d'eau et autres choses nécessaires, nous ne pumes arriver devant le Hâvre de *Ste. Croix* en *Canada* (auquel lieu dans notre précédent voyage, nous avions demeuré huit mois) que le vingt-troisième jour du mois d'Août. Auquel lieu les peuples du Païs vinrent à nos Navires, montrants une grande joie de notre arrivée ; et nommément y vint celui qui avoit la conduite et qui gouvernoit le Païs du *Canada*, appelé *Agona*, lequel avoit été nommé Roy par *Donnacona*, et que dans notre précédent voyage nous avions emmené en France : Et s'étant rendu au Navire du Capitaine avec six ou sept barques, et avec nombre de femmes et enfans ; et après que le dit *Agona* se fut informé du Capitaine où étoit *Donnacona* et les autres; le Capitaine lui répondit : Que *Donnacona* étoit décédé en France, et que son corps étoit demeuré en terre, et que les autres étoient restés en France où ils vivoient comme de grands seigneurs ; qu'ils étoient mariés, et qu'ils ne vouloient pas revenir en leur Païs. Le dit *Agona* ne montra aucun signe de déplaisir de tout ce discours : et je crois qu'il le prit ainsi en bonne part, parcequ'il demeuroit Seigneur et Chef du Pays par la mort du dit *Donnacona*. Après laquelle conférence le dit *Agona* prit un morceau de cuir tanné de couleur jaune, et garni tout autour d'*Esurgny* (qui est leur richesse, et la chose qu'ils estiment être la plus précieuse, comme nous faisons de l'or) qui étoit sur sa tête au lieu de Couronne, et le plaça sur la tête de notre Capitaine ; ensuite il ôta de ses poignets deux bracelets d'*Esurgny*, et les plaça pareillement sur les bras du Capitaine, lui faisant des accolades, et lui montrant de grands signes de joie : ce qui n'étoit que dissimulation comme bien il nous apparût ensuite. Le Capitaine prit sa Couronne de Cuir et la mit de rechef sur sa tête, et lui donna ainsi qu'à ses femmes certains petits présents : lui donnant à entendre, qu'il avait apporté certaines choses nouvelles, desquelles il lui feroit présent ci-après :—et pour ce, le dit *Agona* remercia le Capitaine. Et après qu'il lui eut fait bonne chère ainsi qu'à sa Compagnie, ils prirent leur départ et s'en retournèrent à terre avec leurs barques.

Après lesquelles choses, le dit Capitaine fut avec deux barques à mont la Rivière audelà de *Canada* et du Port de *Sainte Croix*, pour y voir un Hâvre et une petite Rivière qui est environ quatre lieues plus outre :(*) laquelle fut trouvée meilleure et plus commode pour y mettre

(*) Aujourd'hui la *Rivière du Cap-Rouge*.

ses Navires à flot et les placer, que n'étoit l'autre. Pourquoi à son retour fit mener tous ses Navires au devant de la dite Rivière, et à basse
mer fit planter son Artillerie pour mettre en sureté ceux des Navires
qu'il entendoit garder et retenir dans le Païs, lesquels étoient au nombre de trois : ce qu'il fit le jour suivant ; et les autres Navires demeurèrent dans la rade au milieu du fleuve, (auquel lieu les victuailles et
autres choses qu'ils avoient apporté furent débarquées :) depuis le vingt-
septième jour d'Août jusqu'au deuxième de Septembre, auquel temps
ils firent voile pour retourner à *Saint Malo.* Dans lesquels Navires il
renvoya Marc Jalobert son beau-frère, et Etienne Noël son neveu,
tous deux excellents Pilotes, et bien expérimentés ; avec des lettres au
Roy, pour lui donner connoissance de ce qui avoit été fait et trouvé :
et comment Monsieur de Roberval n'étoit pas encore arrivé, et comme
il craignoit que par la cause des vents contraires et tempêtes il avoit
été contraint de retourner en France.

Chapitre II.

Suit la description de la Rivière et Hâvre de Charlesbourg Royal.

La dite Rivière est petite, et n'a pas plus de cinquante pas de largeur, et les Navires tirant de trois brasses d'eau peuvent y entrer de
pleine mer : et à basse mer il ne s'y trouve qu'un chenal d'un pied ou
environ. Des deux côtés de la Rivière il y a de fort bonnes et belles
terres, pleines d'aussi beaux et puissants arbres que l'on puisse voir au
monde, et de diverses sortes, qui ont plus de dix brasses plus haut que
les autres ; et il y a une espèce d'arbre qui s'étend à plus de trois brasses,
qui est appellé par les gens du Païs " *Anneda,*" lequel a plus excellente
vertu de tous les arbres du monde, dont je ferai mention ci-après. De
plus, il y a grande quantité de Chênes les plus beaux que j'ai vu de ma
vie, lesquels étoient tellement chargés de glands qu'il sembloit qu'ils s'alloient rompre ; en outre, il y a de plus beaux Erables, Cèdres, Bou-
leaux et autres sortes d'arbres que l'on n'en voit en France : et proche
de cette forêt sur le côté Sud, la terre est toute couverte de vignes,
que nous trouvâmes chargées de grappes aussi noires que ronces, mais
non pas aussi agréables que celles de France, par la raison qu'elles ne
sont pas cultivées, et parcequ'elles croissent naturellement sauvages.
De plus, il y a quantité d'Aubépines blanches, qui ont les feuilles aussi
larges que celles des Chênes, et dont le fruit ressemble à celui du Néflier.
En somme, ce Païs est aussi propre au labourage et à la culture qu'on

puisse trouver ou désirer. Nous semames ici des graines de notre Païs, tel que graines de Choux, Naveaux, Laitues et autres, lesquelles fructifièrent et sortirent de terre en huit jours. L'entrée de cette Rivière est devers le Sud, et elle va tournant vers le Nord en serpentant ; et à l'entrée d'icelle vers l'Est, il y a un Promontoire haut et roide où nous pratiquames un chemin en manière de double montée, et au sommet nous y fimes un Fort pour la gardé du Fort qui étoit au bas, ainsi que des Navires et de tout ce qui pouvoit passer tant par le grand Fleuve que par cette petite Rivière. En outre, l'on voit une grande étendue de terre propre à la culture, unie et belle à voir, ayant la pente quelque peu au Sud, aussi facile à mettre en culture que l'on peut le désirer, et toute remplie de beaux Chênes, et autres Arbres d'une grande beauté, non plus épais qu'en nos Forêts de France.(*) Ici, nous employâmes vingt de nos hommes à travailler, lesquels dans une journée labourèrent environ un arpent et demi de la terre sus-dite, et en semèrent partie avec des Naveaux, lesquels au bout de huit jours, comme j'ai dit ci-devant, sortirent de terre. Et sur cette haute Montagne ou Promontoire nous trouvasmes une belle fontaine très-proche du dit Fort : joignant lequel nous trouvames bonne quantité de pierres, que nous estimions être Diamans. De l'autre côté de la dite Montagne et au pied d'icelle, qui est vers la grande Rivière, se trouve une belle mine du meilleur fer qui soit au monde, laquelle s'étend jusques proche de notre Fort, et le sable sur lequel nous marchions est terre de Mine parfaite, prête à mettre au fourneau. Et sur le bord de l'eau nous trouvâmes certaines feuilles d'un Or fin, aussi épaisses que l'ongle. Et à l'Ouest de la dite Rivière il y a, comme il a été dit, plusieurs beaux Arbres : et vers l'eau un Pré plein d'aussi belle et bonne herbe que jamais je ne vit en aucun Pré de France : et entre le dit Pré et la Forêt y a grande quantité de Vignes : et au delà de ces Vignes la terre donne abondance de Chanvre lequel croit naturellement, et qui est aussi bon qu'il est possible de voir, et de même force,. Et au bout du dit Pré à environ cent pas, il y a une terre qui s'élève en pente, laquelle est une espèce d'ardoise noire et épaisse où l'on voit des veines

(*) La description donnée par Quartier de cette Rivière et Havre, correspond parfaitement à la position de la *Rivière du Cap Rouge*, située à trois lieues et demie de Québec ; et les détails qu'il nous donne sur tous les environs de cette Rivière nous retracent exactement : le *Cap Rouge* d'aujourd'hui ; une partie de la Forêt qui avoisine ce Cap du côté du Sud du Fleuve St. Laurent, ainsi que le terrain situé de l'autre côté et à l'Ouest de la *Rivière du Cap Rouge*, lequel forme une espèce de platçau et s'élève ensuite en forme d'amphitéâtre.

de l'espèce des minéraux, et qui luisent comme Or et Argent : et parmi toutes ces pierres il s'y trouve de gros grains de la dite Mine. Et en quelques endroits nous avons trouvé des pierres comme Diamans, les plus beaux, polis et aussi merveilleusement taillés qu'il soit possible à homme de voir ; et lorsque le Soleil jette ses rayons sur iceux, ils luisent comme si c'étoient des étincelles de feu.

Chapitre III.

Comme après le départ des deux Navires qui furent renvoyés en Bretagne, et que la bâtisse du Fort fut commencé, le Capitaine fit préparer deux Barques pour aller à mont la Grande Rivière pour descouvrir le passage des trois Saults ou courants d'eau.

Le dit Capitaine ayant dépéché deux Navires pour s'en retourner et porter nouvelles, ainsi qu'il en avait eu le commandement du Roy, et de ce que la bâtisse du Fort avait été commencée, pour la sureté des victuailles et autres chosses, se détermina avec le Vicomte de Beaupré, et les autres Gentilshommes, Maitres et Pilotes choisis pour la délibération, de faire un voyage avec deux Barques fournies d'hommes et de victuailles pour aller jusqu'a *Hochelaga*, afin de voir et comprendre la façon des Saults d'eau qu'il y a à passer pour aller au *Saguenay*, afin de se mettre plus en état au printems de passer outre, et durant la Saison de l'hiver apprêter toutes chosses nécessaires et en ordre pour leurs affaires. Les susdites Barques ayant eté apprêtées, le Capitaine et Martin de Paimpont, avec autres Gentilshommes et le reste des Mariniers partirent du dit lieu de *Charlesbourg Royal* (*) le septième de Septembre, de la susdite année 1540. Et le Vicomte de Beaupré demeura en arrière pour la garde et gouvernment de toutes chosses au dit Fort. Et comme ils remontoient la Rivière, le Capitaine alla voir le Seigneur de *Hochelai* (†) dont la demeure est entre *Canada* et *Hochelaga*, et lequel dans le voyage précédent avoit donné au dit Capitaine une petite fille, et l'avoit à plusieurs reprises informé des trahisons que *Taiguragny* et *Domagaya*, (que le Capitaine dans son précédent voyage avoit emmenés en France,) avoient désir de tramer contre lui. Pour le regard de laquelle courtoisie le dit Capitaine ne voulut passer outre sans lui rendre visite ; et afin lui faire entendre que le Capitaine comptoit sur lui, il lui donna deux jeunes garçons

(*) Dans le Routier de Jean Alphonse, ce même endroit est nommé *France-Roy*.
(†) On pense que c'est un Village qui était situé proche des *Rapides du Richelieu*.

et les lui laissa pour apprendre leur langue ; et il lui fit présent d'un
manteau de drap écarlate de Paris, lequel manteau étoit tout garni de
boutons jaunes et blancs d'Etain, et de petites Clochettes ; et outre lui
donna deux Bassins de cuivre ou Laiton, avec certains Hachots et couteaux.   De quoi le dit seigneur parût fort joyeux, et remercia le Capitaine ; après cela fait, le Capitaine et sa Compagnie partirent du dit lieu.
Et nous navigâmes avec vent tellement favorable, que nous arivâmes le
onzième jour du mois au premier Sault d'eau,(*) qui est à la distance de
deux lieues de la ville de *Tutonaguy*. Et après que nous fûmes arrivés
en ce lieu, nous nous délibérâmes d'aller et passer aussi loin qu'il est
possible avec l'une des Barques, et que l'autre demeureroit en cet
endroit jusqu'à notre retour: et nous mîmes le double des hommes en la
Barque pour nâger contre le courant ou la force du dit Sault. Et après
que nous nous fûmes éloignés de notre autre Barque, nous trouvâmes
mauvais fonds et de gros rochers, et un si grand courant d'eau qu'il ne
nous fut pas possible de passer plus outre avec notre Barque. Sur quoi,
le Capitaine se délibéra d'aller par terre pour voir la nature et la façon
du Sault. Et après être descendus à terre, nous trouvâmes près du rivage
un chemin et sentier battu conduisant vers les dits Saults, par lequel
nous prîmes notre chemin. Et chemin faisans, et peu après trouvâmes
la demeure d'un Peuple qui nous fit bon accueil, et nous reçurent avec
beaucoup d'amitié. Et après que nous leur eussions fait connoître que
nous allions vers les Saults, et que nous désirions d'aller à *Saguenay*,
quatre jeunes gens vinrent avec nous pour nous montrer le chemin, et ils
nous menèrent si loin que nous vînmes à un autre village ou demeurance
de bonnes gens, lesquels demeurent vis-à-vis le deuxième Sault, (†)
qui nous apportèrent de leurs vivres, tels que Chair et Poisson, et nous
en firent offre. Et après que le Capitaine leur eut demandé tant par
signes que par paroles, combien de Saults nous avions à passer pour aller à *Saguenay*, et quelle étoit la longueur du chemin d'où nous étions,
ce Peuple nous montra, et donna à entendre, que nous étions au deuxième Sault, et qu'il n'y avoit qu'un autre Sault à passer (‡); que la Rivière n'étoit pas navigable pour se rendre au *Saguenay*, et que le dit
Sault n'étoit qu'à une tierce partie du chemin plus outre que nous
avions parcouru ; nous montrans icelui avec certains petits batons qu'ils

(*) Ce premier Sault semblerait être le *Courant Ste. Marie.*
(†) Ce deuxième Sault paraît correspondre aux *Rapides de Lachine.*
(‡) Cet autre Sault doit être le *Sault St. Louis.*

. placèrent sur la terre à certaines distances, et ensuite mirent certaines autres branches entre iceux, représentant les dits Saults. Et d'après les dites marques, s'ils disent vrai, il ne peut y avoir que six lieues par terre pour passer les dits Saults.

Chapitre IV.

Description des trois Saults ou courants d'eau qui sont au dessus de Hochelaga.

Après que nous fûmes avertis par le dit Peuple des choses ci-dessus dites, tant parceque la journée estoit bien avancée, et que nous n'avions ni bu ni mangé de cette journée, nous délibérâmes de retourner à nos Barques ; et y estant arrivés, nous trouvames grande quantité de peuples au nombre de quatre cens ou environ, lesquels sembloient estre très réjouis et joyeux de notre arrivée : et pour ce, le Capitaine donna à chacun d'eux certains petits présens, tels que peignes, épingles d'étain et de laiton, et autres petits ornemens, et aux Chefs à chacun sa petite hache et hameçon : desquels firent plusieurs cris et cérémonies de joie. Mais néanmoins, il faut se garder de toutes ces belles cérémonies et joieeusetés, car ils auroient fait de leur mieux pour nous tuer, ainsi que nous l'avons appris par la suite. Cela fait, retournames avec nos Barques, et passames près de la demeurance du Seigneur de *Hochelai*, chez lequel le Capitaine avoit laissé les deux jeunes garçons en remontant la Rivière, pensant le trouver. Mais il ne put y trouver personne, sauf l'un de ses fils, lequel dit au Capitaine qu'il étoit allé à *Maisouna*, ainsi que nous le dirent aussi nos garçons, disans qu'il étoit parti depuis deux jours, Mais de vrai, il étoit allé à *Canada* pour délibérer avec *Agona* ce qu'ils pouvoient entreprendre contre nous. Et lorsque nous fumes arrivés à notre Fort, nous fut dit par nos gens, que les Sauvages du Païs ne venoient plus autour de notre Fort comme ils avoient coutume de faire, pour nous apporter du poisson, et qu'ils nous redoutoient et craignoient à merveilles. Notre Capitaine ayant donc été averti par quelques-uns des nôtres qui avoient été à *Stadaconé* pour les voir, qu'il y avoit un monde considérable du Peuple du Païs qui y étoient assemblés, fit apprêter toutes les choses et mettre notre Fort en bon ordre...

(La suite de cette Relation se trouve perdue.)

LE ROUTIER

DE

JEAN ALPHONSE, DE XANTOIGNE,

PREMIER PILOTE DU SIEUR DE ROBERVAL,

OÙ EST REPRÉSENTÉ LE COURS DU FLEUVE ST. LAURENT, DEPUIS LE
DÉTROIT DE BELLE-ISLE JUSQUES AU FORT DE
FRANCE-ROY, EN CANADA.
1542.

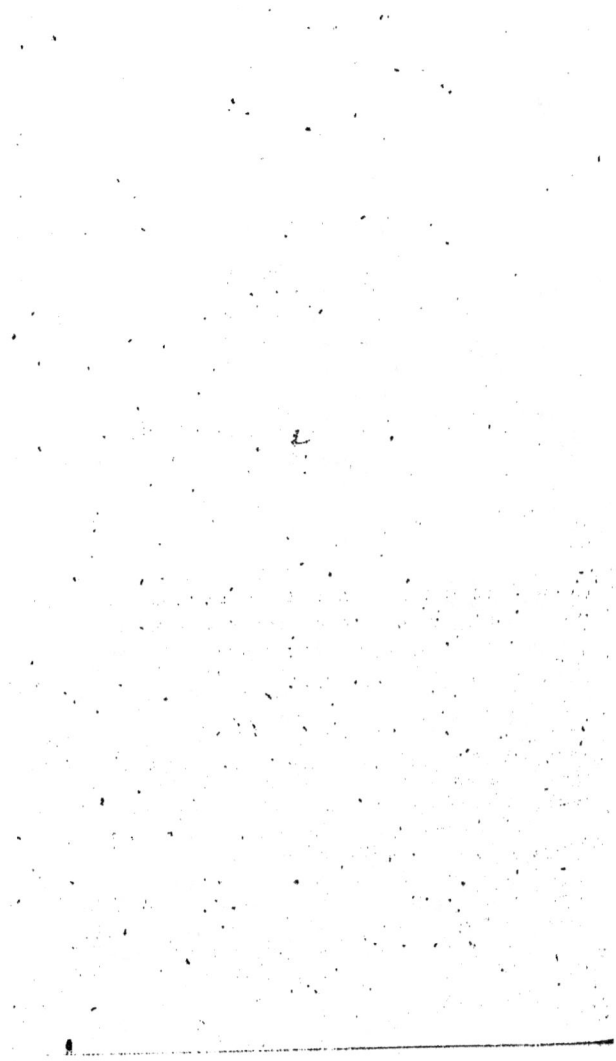

LE ROUTIER DE JEAN ALPHONSE, DE XANCTOIGNE.

(Traduit de Hakluyt.)

Ci-suit le Cours de Belle-Isle, Carpunt, et la Grande Baye en la Terre-Neuve, jusqu'à la Rivière de Canada, dans un espace de deux cens trente lieues, observé
par Jean Alphonse, de Xanctoigne, Premier Pilote de Monsieur de Roberval,
1542.

Belle-Isle est au 51° degré et ⅔. Belle-Isle et Carpunt sont Nord
Nord-Ouest et Sud Sud-Ouest, et à la distance de dix lieues. Carpunt
est au 52° degré. Carpunt et Belle-Isle depuis la Grande Baye sont
Nord-Est et Sud-Ouest, et la distance de Belle-Isle à la Grande Baye
est de sept lieues. Le milieu de la Grande Baye est par les 52° degrés
et demi, et au côté Nord d'icelle il y a un rocher. A une demie lieue
de l'Isle, vis-à-vis de Carpunt vers l'Est il y a une petite Isle plate, et
du côté vers le Nord-Est il y a un rocher plat. Et lorsque vous sortirez
du Hâvre de Carpunt vous devez laisser ce rocher à stribord : et aussi
à babord il y a deux ou trois petites Isles : et lorsque vous sortirez du
côté du Nord-Est, rangeant le long de la côte vers Ouest la longueur
de deux piques, à mi-chemin, il y a une basse qui gît à votre stribord :
et vous porterez vers le Nord de la côte, et laisserez deux tiers de la
Grande Baye vers le Sud, parce qu'il y a des rochers qui s'avancent
deux ou trois lieues à la mer. Et lorsque vous serez par le travers du
Hâvre de Butte, portez tout le long de la côte du Nord à la distance
d'une lieue et demie, car la côte est sans aucun danger. Belle-Isle à
l'embouchure de la Grande Baye, et les Isles de Blanc-Sablon qui sont
dans la Grande Baye, près de la côte du Nord, gisent Nord-Est,
Ouest et Sud-Ouest, et la distance est de trente lieues. La Grande
Baye à son embouchure, n'a que sept lieues de large d'une terre à l'autre,
jusqu'à ce que vous soyez arrivé vis-à-vis la Baie des Chateaux ; et de
là plus oûtre, elle n'a pas plus de cinq lieues de largeur ; et à l'opposite
de Blanc-Sablon elle a huit lieues de largeur d'une terre à l'autre. La
terre du Sud est toute basse terre le long du rivage de la mer. La côte
du Nord est une terre de bonne hauteur. Blanc-Sablon est par les 51°
degrés ⅔. Les Isles de Blanc-Sablon et les Isles de la Demoiselle sont
Nord-Est, Ouest Sur-Ouest, et vous prendrez un peu du Ouest Sud-
Ouest, et elles seront distantes l'une de l'autre de trente-six lieues. Ces

L

Isles sont au 50° degré et ¾ ; et il s'y trouve un bon Hâvre ; et vous
pouvez y entrer par un haut Cap qui se trouve vers le Nord-Est, mais
à la distance d'une pique et demie, rapport à un rocher qui gît à votre
bâbord, et vous pouvez y mettre à l'ancre par dix brasses d'eau vis-à-vis
une petite pointe ; et depuis le grand Cap jusqu'à l'endroit où vous met-
trez à l'ancre, il n'y a pas plus de la longueur de deux câbles. Et si vous
désirez sortir par le côté Ouest, vous devez porter près de l'Isle par stribord et vous éloigner de l'Isle en sortant : et lorsque vous serez hors,
moins la longueur d'un câble, vous porterez près des Isles qui sont à
bâbord à cause d'une basse qui se trouve à stribord, et continuez à porter
de même au Sud Sud-Ouest jusqu'à ce que vous ayez vue d'un rocher
luisant, lequel est au large et éloigné de demi lieue des Isles, et le laisserez ensuite à bâbord. Et depuis les Isles de la Demoiselle jusqu'à la Terre-Neuve, le Fleuve n'a pas plus de trente-six lieues
de largeur, parce que la Terre-Neuve même jusqu'au Cap Breton
ne gît que par Nord Nord-Est et Sud Sud-Ouest. Entre les Isles de
la Demoiselle et les Isles de Blanc-Sablon il se trouve plusieurs Isles et
bons Hâvres, et sur cette côte il y a des faucons, et certains oiseaux qui
ressemblent aux faisans. Les Isles de la Demoiselle et le Cap Tiennot
gisent Nord-Est et Ouest Sud-Ouest, et vous prendrez un peu de
Nord-Est et Sud-Ouest, et entr'eux y a distance de dix-huit lieues. Le
Cap Tiennot est au 50° degré et ¼ ; et là se trouve la plus grande largeur du Fleuve. Et il peut y avoir jusqu'à la fin de Terre-Neuve, qui
est à l'entrée du Cap Breton soixante et dix lieues, où est la plus
grande largeur du Fleuve. Il y a six ou sept Isles entre les Isles de la
Demoiselle et le Cap Tiennot. A la distance de cinq ou six lieues au
large du Cap Tiennot, il y a une Isle sous l'eau qui est dangéreuse
pour les Navires. Le Cap Tiennot et le milieu de l'Isle de l'Ascension
sont Nord-Est et Sud Sud-Ouest, et ils sont distants de vingt-deux
lieues. Le milieu de l'Isle de l'Ascension est au 49° degré et ½. La dite
Isle gît Nord-Ouest et Sud-Est ; la pointe Nord-Est est au 50° degré
de latitude, et la pointe Sud-Est au 48° degré et demi, et elle a environ
vingt-cinq lieues en longueur, et quatre ou cinq lieues en largeur ; et
depuis la pointe Nord-Ouest de l'Isle jusqu'à la terre ferme de la côte
du Nord, il n'y a pas plus de sept lieues de large ; mais jusqu'à la terre
ferme de la côte du Sud il y a environ quinze lieues. Le Cap Tiennot
et la pointe de l'Isle de l'Ascension vers le Sud-Est, sont Nord-Est et
Sud-Ouest, et sont éloignés de trente lieues. Le dit Cap Tiennot et la
pointe Nord-Ouest de l'Isle de l'Ascension sont Est et Ouest, et prenez
un peu du Nord-Est et Sud-Ouest et ils sont éloignés de trente-quatre
lieues. L'Isle de l'Ascension est une bonne Isle et une terre plaine,

sañs aucunes montagnes, assise sur des rochers blancs, et d'albâtre, toute couverte d'arbres jusques au bord de la mer ; et il s'y trouve de toutes les espèces d'arbres que l'on trouve en France ; et on y voit des Bête sSauvages, comme Ours, Loups-Cerviers et Porcs-Epics. Et depuis la pointe Sud-Est de l'Isle de l'Ascension jusques à l'entrée du Cap Breton, il n'y a que cinquante lieues. La pointe Nord-Ouest de l'Isle et le Cap des Monts Notre Dame, qui est sur la terre ferme vers le Sud, sont Nord-Est et Ouest Sud-Ouest, et la distance entre eux est de quinze lieues. Le Cap est par les 49e degrés, et c'est un Cap de très-hautes terres. Le Cap, et la pointe de l'Isle de l'Ascension qui regarde vers le Sud-Est sont Est et Ouest, et entr'eux il y a quinze lieues de distance. La Baye des Morues ou Gaspé est au 48e degré ; et la côte gît Nord et Sud, et fait un quart du Nord-Est et Sud-Ouest jusqu'à la Baye des Chaleurs. Et il s'y trouve trois Isles, une grande et deux petites. Depuis la Baye des Chaleurs jusqu'à ce que vous ayez passé les Monts Notre Dame toute la terre est haute et bonne terre, toute couverte d'arbres. Ognedoc est une bonne Baye, et elle gît Nord Nord-Ouest et Sud Sud-Ouest, et c'est un bon Hâvre ; et vous devez porter le long de la terre, à cause d'une pointe basse à l'entrée d'icelle ; et lorsque vous aurez passé la pointe, vous poserez l'ancre à quinze ou vingt brasses d'eau du côté du Sud ; et dans ce Hâvre il y a deux rivières, l'une desquelles va vers Nord-Ouest, et l'autre vers Sud-Ouest. Et sur cette côte il y a grande pêcherie de morues et autres poissons, en plus grande abondance qu'à la Terre-Neuve, et de meilleur poisson. Et il s'y trouve grande quantité d'oiseaux de Rivière, tels que Canards, Oies sauvages et autres ; et aussi des Arbres de toutes les sortes, tels que Rosiers, Fraisiers, Coudriers, Pommiers et Poiriers ; et il y fait en Eté plus chaud qu'en France. L'Isle de l'Ascension et les Sept Isles qui gisent du côté du Nord, sont gisantes Sud-Est et Ouest Nord-Ouest, et sont distantes de vingt-quatre lieues. Le Cap d'Ognedoc et les Sept Isles sont Nord Nord-Ouest et Sud Sud-Ouest, et distantes de trente-cinq lieues. Le Cap des Monts Notre Dame et les Sept Isles sont Nord et Sud, et le travers d'une terre à l'autre est de ving-cinq lieues ; et ici est la plus grande largeur de la mer, et de là en amont elle commence à rétrécir de plus en plus. Les Sept Isles sont par les 50e degrés et demi. Les Sept Isles et la pointe d'Ongéar gisent Nord-Est et Sud-Ouest, et la distance entr'elles est de quinze lieues, et entre icelles il y a certaines petites Isles. La pointe d'Ongéar, et les Monts Notre Dame qui sont au côté Sud de l'entrée du Fleuve, sont Nord et Sud ; et le travers d'une terre à l'autre est de dix lieues ; et ici est la plus grande largeur de la mer. La pointe d'Ongéar et la Rivière de Caën gissent Est et Ouest ; et elles sont éloignées de douze lieues. Toute la côte depuis l'Isle de l'Ascension jusqu'à cet endroit est une très-bonne terre, produisant toutes les espèces d'arbres qui sont en France, et quelques fruits. La pointe d'Ongéar est par les 49ᵉ degrés et ¼. La Rivière de Caen et l'Isle de Raquelle gisent Nord-Est et Sud-Ouest ; et elles sont distantes douze lieues. L'Isle de la Raquelle est par les 48ᵉ et ⅔. Dans la Rivière de Caen il y a grande abondance de poisson ; et ici la mer n'a pas plus de huit lieues en largeur. L'Isle de Raquelle est une Isle très-basse, proche de la côte du Sud, et près d'un Cap de Marbre, où il n'y a aucun danger ; et entre l'Isle Raquelle et le Cap de Marbre, il peut y passer Navires. Et depuis l'Isle jusqu'à la côte du Sud il n'y a pas plus d'une lieue, et depuis l'Isle jusqu'à la côte du Nord environ quatre lieues. L'Isle Raquelle et l'entrée du Saguenay sont Nord-Est et Ouest Sud-Ouest, et sont éloignés de quatorze lieues, et il y a entre eux deux petites Isles près de la côte du Nord. L'entrée du Saguenay est par les 48ᵉ degrés et ⅓ ; son entrée n'a pas plus d'un quart de lieue de largeur, et il y fait dangereux vers le Sud-Ouest : et à deux ou trois lieues amont son entrée, cette Rivière commence à s'élargir de plus en plus : et il semble que ce soit un bras de mer. Je crois qu'icelle Rivière vient de la mer du Cathay, car dans cet endroit il sort un fort courant, et il y court une marée terrible. Ici, le Fleuve depuis la côte du Nord à celle du Sud, n'a pas au delà de quatre lieues de largeur, et le passage entre les deux terres est dangereux, à cause des bancs de rochers qui sont dans le Fleuve. L'Isle Raquelle et l'Isle aux Lièvres gisent Nord-Est et Sud-Ouest, et en prenant un quart de l'Est et Ouest, elles sont distantes de dix-huit lieues. L'entrée du Saguenay et l'Isle aux Lièvres gisent Nord Nord-Est et Sud Sud-Ouest, et elles sont distantes de cinq lieues. L'entrée du Saguenay et l'Isle de Raquelle gisent Nord Nord-Ouest et Sud Sud-Ouest, et elles sont distantes de trois lieues. L'Isle aux Lièvres est au 48ᵉ et ⅛ de degré. Depuis les Monts Notre Dame jusqu'à Canada et jusqu'à Hochelaga, toute la terre du Sud est une belle terre basse et plaine, toute couverte d'Abres jusqu'au bord du Fleuve. La terre du côté du Nord est plus élevée, et dans quelques endroits il y a de hautes montagnes. Depuis l'Isle au Lièvres jusques à l'Isle d'Orléans, le Fleuve n'a pas plus de quatre ou cinq lieues de largeur. Entre l'Isle aux Lièvres et les hautes terres de la côte du Nord, le Fleuve n'a pas plus d'une lieue et demie de largeur, et il est très-profond, car il a cent brasses et plus de profondeur au milieu.

A l'Est de l'Isle aux Lièvres il y a deux ou trois petites Isles et des rochers ; et delà jusqu'à l'Isle aux Coudres il n'y a que des Isles et rochers à la côte du Sud ; et vers le Nord l'eau est belle et profonde. L'Isle aux Lièvres et l'Isle aux Coudres gisent Nord-Est, Ouest et Sud-Ouest, et elles sont distantes douze lieues. Vous devez toujours porter le long de la haute terre de la côte du Nord, car sur la côté du Sud, ce ne sont que Rochers. Et vous devez passer du côté de l'Isle aux Coudres, et là le Fleuve n'a pas plus d'une lieue et un quart de largeur, et vous devez prendre le milieu du Chenal ; et au milieu d'icelui se trouve le meilleur passage soit de flot ou d'èbe, parceque la mer y court puissamment ; et il y a grand danger à cause des rochers, et il vous est besoin d'avoir bon ancre et bon cable. L'Isle aux Coudres est une petite Isle d'environ une lieue de longueur, et demi lieuë de largeur ; mais ce ne sont que bancs de Sable. L'Isle aux Coudres est au 47° degré et ⅔. L'Isle aux Coudres et l'Isle d'Orléans gisent Nord-Est et Sud-Ouest, et sont distantes dix lieues ; et il vous faut passer du côté de la haute terre à un quart de lieue de la côte du Nord, parcequ'au milieu du fleuve il n'y a que basses et rochers. Et lorsque vous serez par le travers d'un Cap rond, vous porterez vers la terre du Sud au Sud-Ouest, et un quart vers le Sud, et naviguerez à cinq, six et sept brasses ; et là la Rivière du Canada commence à être d'eau douce, et là est la fin de mer Salée. Et lorsque vous serez par le travers de la pointe de l'Isle d'Orléans, où le Fleuve commence à être de l'eau douce, vous suivrez le milieu du fleuve, et laisserez l'Isle à stribord, qui est à main droite : et ici le fleuve n'a pas plus d'un quart de lieue de largeur, et vingt et trente brasses de profondeur. Vers la côte du Sud il y a une chaine d'Isles toute remplies d'arbres, et elles prennent fin le travers de la pointe de l'Isle d'Orléans. La pointe de l'Isle d'Orléans vers le Nord-Est est par les 47° dégrés et un tiers. L'Isle d'Orléans est une fort belle Isle, toute couverte d'arbres jusqu'au bord du Fleuve ; elle a environ cinq lieues de long, et une lieue et demie de large. Du côté du Nord il y a une autre Rivière, laquelle tombe dans la Grande Rivière au bout de l'Isle, où les Navires peuvent passer facilement. Du milieu de l'Isle jusqu'à Canada, la Rivière court à l'Ouest ; et depuis ce lieu de Canada jusqu'à France-Roy, la Rivière tourne à l'Ouest Sud-Ouest ; et depuis la pointe Ouest de la dite Isle jusqu'à Canada, il n'y a qu'une lieue ; et jusqu'à France-Roy il y a quatre lieues. Et lorsque vous arriverez à la pointe de l'Isle, vous apperceverez une grande Rivière qui tombe de la hauteur de quinze ou vingt brasses de dessus un rocher, et qui fait un bruit terrible. Le Fort de France Roy est par les 47° dégrés et un sixième de degré.

Toute l'étendue de ces terres peut avec raison être appellée la Nouvelle France ; car l'air y est aussi tempéré qu'en France, et elles sont situées dans la même latitude. La raison pour laquelle il y fait plus froid en Hyver, vient de ce que le Fleuve d'eau douce est naturellement plus froid que la mer, et aussi parcequ'il est large et profond ; et dans quelques endroits il a une demie lieue et plus de largeur ; et aussi parceque la terre n'y est pas cultivée, ni remplie de peuples, et qu'elle est toute couverte de Forêts, ce qui est la cause du froid. -

Le Soleil à son Méridien y est aussi élevé que le Méridien de la Rochelle ; et il est ici l'heure de midi lorsque le Soleil est au Sud Sud-Ouest à la Rochelle. Et ici l'Etoile polaire, d'après la boussole est au Nord Nord-Est ; et lorsquil est l'heure de midi à la Rochelle, il n'est que neuf heures et demie du matin à France-Roy. Depuis le dit lieu jusqu'à la mer de l'Océan et la Côte de la Nouvelle France, il n'y a pas plus de cinquante lieues de distance. Et depuis l'entrée de la Norimbegue, jusques à la Floride, il y a trois cens lieues ; et depuis ce lieu de France-Roy jusques à Hochelaga, il y a environ quatrevingts lieues ; et jusqu'à l'Isle de Rasus, trente lieues. Et je n'ai aucun doûte que la Norimbegue entre dans la Rivière de Canada, et jusques dans la mer du Saguenay. Et depuis le Fort de France-Roy jusqu'à ce que vous soyez sorti de la Grande Baye, il n'y a pas au delà de deux cents trente lieues. Et le cours en est Nord-Est et Ouest Sud-Ouest, sans qu'il y ait plus de cinq degrés et un tiers de différence ; et vous devez compter à raison de seize lieues et demie pour un degré. D'après la nature du climat, les Terres en allant vers Hochelaga, deviennent meilleures de plus en plus ; et cette terre peut produire des Figues et des Poires. D'après le rapport des gens du Païs, je crois que l'on y pourroit trouver des Mines d'Or et d'Argent.

Ces Terres sont situées vis-à-vis la Tartarie, et je ne doute pas qu'elles s'étendent vers l'Asie d'après la circonférence du Monde. C'est pourquoi il seroit bon d'avoir un petit Navire de soixante et dix tonneaux afin de découvrir la côte de la Nouvelle France qui est en arrière de la Floride ; car j'ai été à une Baye jusques par les 42e degrés entre la Norimbegue et la Floride ; mais je n'en ai pas cherché le fond, et ne sçais pas si elle passe d'une terre à l'autre. Dans tous ces Pays il y a des Chênes, Boules, Frênes, Erables, Arbres de vie, Pins, Perusses, Cèdres, grands Ormes, Noisilles, Coudriers, Poires Sauvages, Vignes Sauvages ; et on y a trouvé des prunes rouges. Et là on trouve de bon froment, et les Pois sauvages y viennent sans être semés ; ainsi que des groseilles et fraises. On y trouve aussi grand nombre de Cerfs, Daims, et Porc-épics, et les Sauvages disent qu'il s'y trouve des Unicornes. Le Gibier y est en abondance, tel que les Outardes, Oies Sauvages, Grues, Tourtres, Geais, Corbeaux, et plusieurs autres sortes d'Oiseaux. Toutes les graines qu'on y seme ne sont pas plus de deux ou trois jours à sortir hors de terre. J'ai compté dans un épi jusqu'à cent vingt grains de froment, tel qu'est notre froment de France. Et il n'est pas nécessaire que vous sémiez votre froment avant Mars, et il devient à maturité à la mi-Août. Les eaux y sont meilleures et plus pures qu'en France. Et si le Païs étoit cultivé et rempli de peuple, il y feroit aussi chaud qu'à la Rochelle ; et la raison pour laquelle il y neige plus souvent qu'en France est, parcequ'il n'y pleut que rârement : car la pluie se convertie en neige.

Toutes les choses ci-dessus mentionnées, sont vraies.

Jean Alphonse a fait ce voyage avec le Sieur de Roberval.

Il faut voir les Lettres de Grâce accordant rémission et pardon au Sieur de Saine Terre, Lieutenant du dit Sieur de Roberval, données en *Canada*, en présence du dit Jean Alphonse.

FIN DU ROUTIER.

VOYAGE

DU

SIEUR DE ROBERVAL,

AU CANADA.

1542.

M

LE VOYAGE DE JEAN FRANÇOIS DE LA ROQUE, CHEVALIER, SIEUR DE ROBERVAL, AUX PAIS DU CANADA, SAGUENAY ET HOCHELAGA, AVEC TROIS NAVIRES ET DEUX CENS PERSONNES, TANT HOMMES QUE FEMMES ET ENFANS, COMMENCÉ EN AVRIL 1542; AUQUELS LIEUX IL EST DEMEURÉ PENDANT L'ÉTÉ DE LA MÊME ANNÉE, ET TOUT L'HIVER SUIVANT.

(Traduit de Hakluyt.)

Chapitre I.

Départ du Sieur de Roberval du Port de la Rochelle. Son arrivée à la Terre-Neuve où il rencontre Jacques Quartier, lequel revenant du Canada refuse d'y retourner avec le dit Sieur de Roberval. Arrivée du dit Sieur de Roberval au lieu appellée France-Roy, où il il bâtit un Fort, ainsi que divers logemens.

Le Sieur Jean François De la Roque, Chevalier, Sieur de Roberval, nommé par le Roi comme son Lieutenant ès pais du Canada, Saguenay et Hochelaga, muni de trois grands Navires qui avoient été pourvus aux dépens du Roi, et ayant sur sa flotte deux cens personnes tant hommes, que femmes, accompagné de diverses personnes de qualité, savoir: de Monsieur Saine-Terre, son Lieutenant; l'Espinay, son Enseigne; le Capitaine Guinecourt; Monsieur Noire Fontaine; Dieu Lamont; Frotté; La Brosse; François de La Mire; La Salle, et Royèze, et Jean Alphonse, Xaintongeois, excellent Pilote, fit voile de la Rochelle le 16ᵉ Avril 1542. Le même jour vers les midi, nous nous trouvames le travers de Chef de Boys, où nous fûmes contrains de passer la nuit suivante. Le Lundi dix-septième du dit mois, nous partimes de Chef de Boys.—Le vent nous fut favorable pendant quelque tems, mais en peu de jours il devint tout à fait contraire, ce qui retarda notre route pendant longtems, car nous fumes soudainement forcés de retourner en arrière, et de chercher un abri au Havre de Belle-Isle sur la côte de Bretagne, où nous demeurames si longtems, et éprouvames tant de vents contraires en chemin, que nous ne pûmes atteindre la Terre-Neuve que le septième jour de Juin.

Le huit de ce mois, nous entrames au Havre de St. Jean, où nous trouvames dix-sept Navires de Pêcheurs. Durant notre long séjour en cet endroit, Jacques Quartier et sa Compagnie venant du Canada où il avoit été envoyé l'année d'auparavant avec cinq Navires, arriva au même Havre.—Après avoir rendu ses devoirs à notre Général, il lui dit, qu'il avoit apporté certains diamans, et une quantité de mine d'Or qu'il avoit trouvée au Païs. Le Dimanche suivant on fit l'essai de cette mine, et elle fut trouvée bonne.

De plus, il dit à notre General qu'il n'avoit pu avec sa petite bande résister aux Sauvages, qui rodoient journellement et l'incommedoient fort, et que c'étoit là la cause qui le portoit à revenir en France. Cependant, lui et sa Compagnie louèrent fort le Païs comme étant très riche et très fertile ; mais lorsque notre Général qui avait des forces suffisantes, lui eut commandé de retourner avec lui, Quartier et ses gens remplis d'ambition, et parce qu'ils vouloient avoir toute la gloire d'avoir fait la découverte de tous ces objets, se sauvèrent secrètement de nous la nuit suivante, et sans prendre aucun congé partirent incontinent pour se rendre en Bretagne.

Nous passames la meilleure partie du mois de Juin au Hâvre de Saint Jean, tant pour nous approvisionner d'eau fraiche, dont nous eumes grand besoin durant toute la route, que pour accommoder une querelle qui s'étoit élevée entre des gens de notre Païs et quelques Portugais. Enfin, environ le dernier jour du même mois, nous prîmes notre départ, entrames dans la Grande Baie, passames par l'Isle de l'Ascension, et arrivasmes enfin à quatre lieues à l'Ouëst de l'Isle d'Orléans.(*) En cet endroit, nous trouvames un Havre commode pour nos Navires ; nous y jettames l'ancre, et nous nous rendimes à terre avec nos gens ; et fimes choix d'une place commode pour nous y fortifier, capable de commander à la Grande Rivière, et de pouvoir résister à l'attaque des ennemis. En sorte que vers la fin de Juillet, nous avions apporté à terre toutes nos provisions et autres munitions, et commençames à travailler pour nous fortifier,

Chapitre II.

Du Fort de France Roÿ, et de ce qui fut fait en cet endroit.

Ayant décrit le commencement, le milieu et la fin du voyage que fit M. De Roberval dans les Païs du *Canada, Hochelaga, Saguenay,* et autres païs dans les Contrées de l'Ouest : il navigua si avant (comme il est écrit dans d'autres mémoires) qu'il aborda enfin au Païs susdit, accompagné de deux cents personnes, soldats, mariniers et gens du

(*) Cette distance indique précisément la *Rivière du Cap Rouge.*

commun, avec tout ce qui était nécessaire pour une flotte. Le Général susdit, aussitôt son arrivée fit bâtir un joli Fort, proche et un peu à l'Ouest du Canada, lequel était beau à voir, et d'une grande force, sur une haute montagne, dans lequel il y avait deux Corps de logis, une grosse Tour, et une autre de la longueur de quarante ou cinquante pieds, où il y avoit diverses Chambres, une Salle, une Cuisine, des Chambres d'office, des Celliers haut et bas, et proche d'iceux il y avoit un Four et des Moulins, aussi un Poêle pour y chauffer les gens, et un Puits au devant de la maison. Le Bâtiment était situé sur la Grande Rivière du *Canada*, appelée *France Prime* par Monsieur De Roberval. Il y avait aussi au pied de la Montagne un autre logement, dont partie formait une Tour à deux étages, avec deux Corps de logis, où l'on gardait toutes les provisions et tout ce que nous avions apporté ; et près de cette Tour il y a une autre petite rivière. Dans ces deux endroits, tant en bas qu'en haut, furent logés les gens du commun. (*)

Et durant le mois d'Août, et au commencement de Septembre, chacun fut employé à la besogne qu'il se trouvait capable de faire ; mais le quatorze de Septembre notre Général susdit, renvoya en France deux Navires qui avoient apportés ses effets, et il nomma à l'un d'iceux pour Amiral, Monsieur Sainc Terre, et à l'autre pour Capitaine, Monsieur Guinecourt, afin de donner avis au Roi, et de revenir l'année suivante avec des victuailles et autres fournitures, ainsi qu'il plairait au Roi ; et aussi afin d'apporter des nouvelles de France pour savoir comment le Roi avait accepté certaines pierres qui lui avaient été envoyées, et que l'on avait trouvé dans ce païs.

Après le départ de ces deux Navires, on délibéra sur ce qu'il falloit faire, et de la manière qu'on passeroit l'hiver dans cet endroit. On fit premièrement l'examen des provisions, et l'on trouva qu'elles seroient insuffisantes. On en fit le partage, de manière que chaque troupe n'avoit que deux pains pesant chacun une livre, et une demie livre de bœuf. L'on mangeait du Lard au diner, avec une demie livre de beurre : et du Bœuf au souper, avec environ deux poignées de fèves, sans beurre.

Les Mercredis, Vendredis et Samedis, on mangeoit de la Morue

(*) Le Fort et les divers Edifices érigés par M. de Roberval, sont vraisemblablement la continuation des ouvrages commencés par Quartier environ dix huit mois auparavant. Le sommet de la pointe du Cap qui forme un des côtés de l'entrée de la Rivière du Cap Rouge, est évidemment le lieu qui fut choisi par Quartier et Roberval pour y élever ces diverses fortifications ; car la pointe de ce Cap commande également et éminemment la Rivière du Cap Rouge ainsi que le Fleuve St. Laurent. Sur cette même pointe, on voit aujourd'hui la belle résidence de William Atkinson, Ecuier, placée dans une situation tout-à-fait pittoresque.

séchée, et quelques fois verte au diner, avec du beurre ; et du Marsouin et des fèves au souper.

Vers ce tems les sauvages nous apportèrent une grande quantité d'Aloses, qui sont des poissons presques aussi rouges que des Saumons, pour avoir de nous des couteaux et autres bagatelles. A la fin, plusieurs de nos gens tombèrent malades d'une certaine maladie dans les jambes, les reins et l'estomac, de telle sorte qu'ils paroissoient avoir perdu l'usage de tous leurs membres, et il en mourut environ cinquante.

Il est à remarquer que la glace commença à se fondre en Avril.

Monsieur Roberval faisoit bonne justice, et punissoit chacun selon son offense. Un nommé Michel Gaillon fut pendu pour cause de vol ; Jean de Nantes fut mis aux fers, et enfermé au cachot pour sa faute, et d'autres furent pareillement mis aux fers ; et plusieurs furent fouettés, tant hommes que femmes : au moyen de quoi, ils vécurent en paix et tranquillité.

Chapitre III.

Des manières des Sauvages.

Pour vous déclarer quelle est la condition des Sauvages, il faut dire à ce sujet : Que ces peuples sont de bonne stature et bien proportionnés. Ils sont blancs, mais vont tout nuds ; et s'ils étaient vêtus à la façon de nos François, ils seroient aussi blancs, et auroient aussi bon air ; mais ils se peignent de diverses couleurs, à cause de la chaleur et de l'ardeur du Soleil.

Au lieu de vêtements, ils s'accoutrent de peaux en manière de manteaux, tant les hommes que les femmes. Ils se servent d'une certaine couverture avec laquelle ils cachent leurs parties honteuses, et ce, les hommes aussi bien que les femmes. Ils ont des bas de chausses, et des souliers de cuir proprement façonnés. Ils ne portent point de chemises, et ne se couvrent point la tête, mais leurs cheveux sont relevés au haut de la tête, et tortillés ou tressés. Pour ce qui est de leurs vivres, ils se nourrissent de bonnes viandes, toutefois sans aucune saveur de sel ; mais ils la font sécher et ensuite griller sur les charbons, et ce, tant le poisson que la chair.

Ils n'ont aucune demeure arrêtée, mais vont d'un lieu en un autre où ils croient qu'ils pourront mieux trouver leur nourriture, comme Aloses dans un endroit, et ailleurs différens Poissons, tels que Saumons, Esturgeons, Mulets, Surmulets, Bars, Carpes, Anguilles, Pimperneaux et autres poissons d'eau douce. Ils se nourrissent aussi de Cerfs, Sangliers, Bœufs sauvages, Porc-Epics et de nombre d'autres sauvagines. Le Gibier s'y trouve en aussi grande abondance qu'ils peuvent désirer. Pour ce qui est de leur pain, ils le font d'une bonne saveur, avec de gros mil. Ils se nourissent bien, car pour autre chose, ils n'ont aucun souci. Leur breuvage est l'huile de Loup-marin ; néanmoins, ils la réservent pour leurs grands festins. Ils ont un Roy dans chaque Païs, auquel ils sont merveilleusement soumis, et ils lui font honneur d'après leurs manières et façons. Lorsqu'ils voyagent d'un lieu à un autre, ils emportent dans leurs canots tout ce qu'ils possèdent. Les Femmes nourissent leurs enfans à la mamelle, et sont continuellement accroupies et enveloppées par le corps avec des fourrures.

Chapitre IV.

Le voyage que fit le Sieur de Roberval, de son Fort en Canada, au Saguenay, le 5e. de Juin, 1543.

Le Sieur de Roberval, Lieutenant Général pour le Roy dans les Païs du *Canada*, *Saguenay* et *Hochelaga*, prit son départ pour aller à la dite Province de *Saguenay* Mardi le 5e Juin 1543, après souper, et s'étoit rendu à bord des Barques avec tous ses effets pour faire le voyage susdit : mais à cause de quelques circonstances qui survinrent, les dites Barques demeurèrent dans la rade vis-à-vis du lieu ci-devant nommé. Et le Mercredi vers les six heures du matin, elles firent voile naviguant contre le flot et la marée. La flotte étoit composée de huit Barques tant grandes que petites ; et il y avait à bord soixante et dix personnes, ensemble avec le dit Général.

Le Général laissa dans la dite place et Fort le nombre de trente personnes, lesquelles y devoient demeurer jusqu'au retour du voyage du *Saguenay*, qui devait être au premier de Juillet ; passé lequel temps il leur seroit libre de retourner en France. Et il ne laissa en ce lieu que deux Barques pour y contenir les dites trente personnes, avec tout ce qui s'y trouvoit lorsqu'il faisait sa demeure dans le Païs.

Et pour ce sujet, il y laissa comme son Lieutenant, un Gentilhomme nommé le Sieur de Royèzo, auquel il donna sa commission ; enjoignant à tous les gens de lui porter obéissance comme étant aux ordres du dit Lieutenant.

Les vivres qui avoient été laissés pour leur subsistance jusqu'au dit premier jour de Juillet, furent reçus par le dit Lieutenant de Royèze.

Le Jeudi, quatorzième de Juin, le Sieur de l'Espinay, le Sieur La Brosse, le Sieur Frotté, et le Sieur Longueval et autres revinrent de devers le Général du Voyage du *Saguenay*.

Et il est à remarquer, qu'il y eut une Barque de perdue, et huit personnes furent noyées : parmi lesquelles se trouvoient le sieur Noire Fontaine, et un nommé Levasseur, de Constance.

Le Jeudi, dix-neuvième du mois de Juin susdit, arrivèrent de devers le Général, les Sieurs de Villeneuve, Talbot, et trois autres, lesquels apportèrent six-vingts livres pesant de Bled ; avec Lettres demandant qu'on demeurât jusqu'à la veille de la Ste. Magdelaine, qui est le vingt-deuxième de Juillet..

(La Suite de cette Relation se trouve perdue.)

DEUX LETTRES

DE

JACQUES NOEL, DE St. MALO,

SUR LA DÉCOUVERTE DES SAULTS EN CANADA.
1587.

N

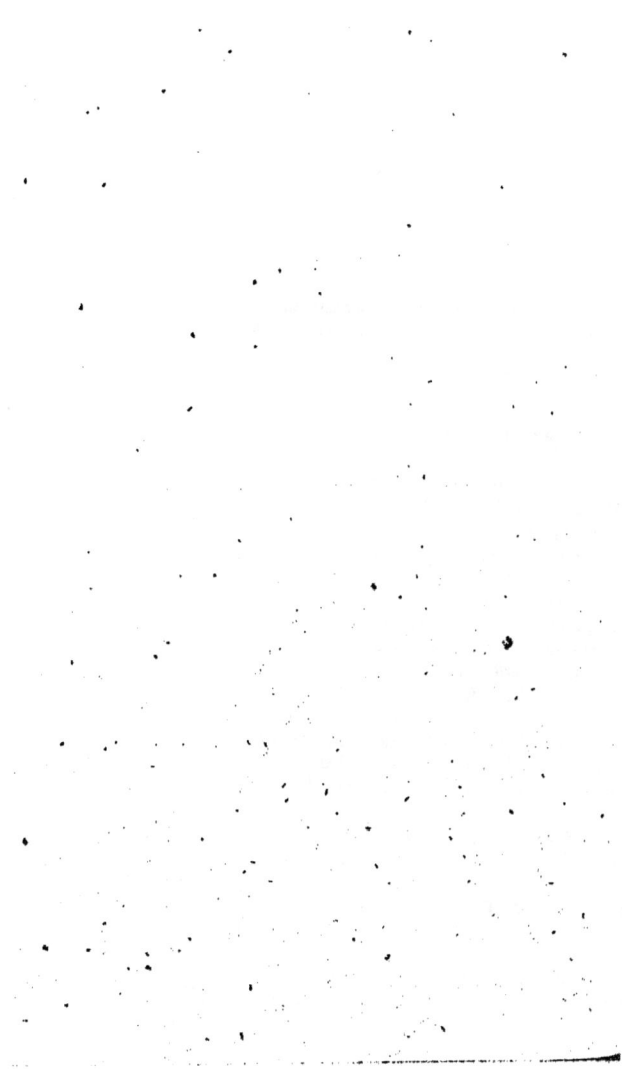

DEUX LETTRES DE JACQUES NOEL, DE ST. MALO, TOUCHANT LES DÉCOU-
VERTES DE JACQUES QUARTIER EN CANADA, 1587.

(Traduit de Hakluyt.)

---

*Lettre écrite à Mr. Jean Growte, Etudiant à Paris, par Jacques Noel, de
St. Malo, petit Neveu de Jacques Quartier, relativement à la
Découverte des Saults en Canada.*

MONSIEUR GROWTE,

Votre beau-frère M. Gilles Watier, m'a montré
ce matin une Carte publiée à Paris, dédiée à un nommé M. Hackluyt,
Gentilhomme Anglais, dans laquelle toutes les Isles Occidentales, le
Royaume du Nouveau Mexique, et les Païs de Canada, Hochelaga, et
Saguenay se trouvent compris.

Je maintiens que la Rivière du Canada qui est décrite dans cette
Carte n'y est pas placée comme elle se trouve dans mon Livre, lequel
est conforme à celui de Jacques Quartier : et que la dite Carte ne place
pas le Grand Lac qui est au-dessus des Saults, en la façon que les Sauvages qui demeurent aux dits Saults nous en ont donné connoissance.
Dans la susdite Carte que vous m'avez envoyée, le Grand Lac s'y trouve
placé trop au Nord. Les Saults ou chûtes d'eau sont par les 44me degrés de latitude, et il n'est pas aussi difficile de les passer qu'on se
l'imagine. Les eaux ne tombent pas d'aucunes hauteurs bien considé-
rables : ce n'est qu'au milieu de la Rivière où il y a mauvais fond.
Il serait préférable de construire des barques au-dessus des Saults ; et
il est facile de marcher par terre jusqu'à la fin des trois Saults ; il n'y
a pas plus de cinq lieues de marche.

J'ai été sur le haut d'une montagne qui est au pied des dits Saults,
d'où j'ai pu voir la dite Rivière au-delà des dits Saults ; laquelle se
montre là plus large qu'elle n'est à l'endroit où nous l'avons passée.
Par le Peuple du Païs nous a été dit, qu'il y avait dix journées de
marche depuis les Saults jusqu'à ce grand Lac ; mais nous ne savons
pas combien de lieues ils comptent pour une journée.

Je ne puis pour le moment vous en écrire plus long, car le Courrier
ne peut demeurer plus longtemps. Je terminerai donc pour le présent,

en vous présentant mes meilleurs saluts, priant Dieu de vous accorder l'accomplissement de vos désirs.

Votre ami affectionné,

JACQUES NOEL.

De St. Malo, avec hâte, ce 19ᵐᵉ de Juin, 1587.

MON COUSIN,

       Je vous prie de me faire le plaisir de m'envoyer le Livre qui traite de la découverte du Nouveau Mexique, et l'une de ces nouvelles Cartes des Indes Occidentales, que vous avez envoyée à votre beau-frère Gilles Watier, et qui est dédiée à M. Hackluyt, Monsieur Anglais. Je ne manquerai pas de m'informer par moi-même, s'il y a moyen de trouver ces relations que le Capitaine Jacques Quartier a écrites après ses deux derniers voyages au Canada.

Autre Lettre écrite à M. Jean Growte, par le dit Jacques Noel.

MONSIEUR GROWTE,

       Je ne puis vous écrire rien d'avantage de tout ce que j'ai pu trouver des Ecrits de feu mon Oncle le Capitaine Jacques Quartier, (quoique j'aie fait des recherches partout où il m'a été possible de la faire dans cette Ville,) à l'exception d'un certain Livre fait en la manière d'une Carte Marine, laquelle a été rédigée de la propre main de mon Oncle susdit, et qui se trouve maintenant en la possession du Sieur Crémeur. Cette Carte est passablement bien tracée et dessinée en ce qui regarde toute la Rivière du Canada ; ce dont je suis bien certain, parce que d'icelle j'ai moi-même connaissance aussi loin que s'étendent les Saults, où j'ai été moi-même. La hauteur des dits Saults est par les 44ᵉ dégrés. J'ai trouvé dans la dite Carte, au-dessus de l'endroit où la Rivière se partage en deux, au milieu des deux branches de la dite Rivière, et quelque peu plus proche de la branche qui court vers le Nord-Ouest, les mots qui suivent, écrits de la main de Jacques Quartier :

      " Par le Peuple du Canada et Hochelaga il est dit : que c'est ici où est " la Terre du Saguenay ; laquelle est riche et abonde en pierres pré- " cieuses.

Et à environ cent lieues au-dessous de cet endroit, j'ai trouvé les deux lignes suivantes écrites sur la dite Carte, dans la direction du Sud-Ouest.

" Ici, dans ce Païs se trouvent la Canelle et le Girofle, que dans leur " langue ils appellent Canodetta. "

Pour ce qui est de mon Livre dont je vous ai parlé, il est fait en la forme d'une Carte Marine, et je l'ai remis à mes deux fils, Michel et Jean, qui présentement sont en Canada. Si à leur retour, qui sera avec la volonté de Dieu vers la Ste. Magdelaine prochaine, ils ont appris quelque chose qui vaille la peine d'être rapportée, je ne manquerai pas vous le faire savoir.

Votre ami affectionné,

JACQUES NOEL.

FIN DES DEUX LETTRES DE JACQUES NOEL.

ABITATION. DE
QVEBECQ

APPENDICE.

LA PREMIERE HABITATION DE QUEBEC.

Description de la première Habitation bâtie à Quebec en 1608. [*Voyages du Sieur de Champlain, Livre II, page 184 ; Edition de 1613.*]

" Je fis continuer nostre logement, qui estoit de trois corps de logis
" à deux estages. Chacun contenoit trois thoises de long et deux et demie
" de large, avec une belle cave de six pieds dehaut. Tout autour de nos
" logemens je fis faire une galerie par dehors au second estage, qui estoit
" fort commode, avec des fossés de quinze pieds de large et six de pro-
" fond : et au dehors des fossés, je fis plusieurs pointes d'esperons qui en-
" fermoient une partie du logement, là où nous mismes nos pièces de
" canon : et devant le bâtiment y a une place de quatre thoises de
" large, et six ou sept de long, qui donne sur le bort de la rivière.
" Autour du logement y a des jardins qui sont très bons, et une place
" du costé du septentrion qui a quelque cent ou six vingts pas de long,
" et cinquante ou soixante de large."

A. Le Magazin.

B. Le Colombier.

C. Corps de logis où sont nos armes, et pour loger les ouvriers.

D. Autre corps de logis pour les ouvriers.

E. Cadran.

o

F. Autre corps de logis où est la Forge, et Artisans logés.

G. Galleries tout autour des logemens.

H. Logis du Sieur de Champlain.

I. La porte de l'Habitation, où il y a Pont-lévis.

L. Promenoir autour de l'Habitation contenant 10 pieds de large, jusques sur le bort du fossé.

M. Fossés tout autour de l'Habitation.

N. Plattes formes, en façon de tenailles pour mettre le Canon.

O. Jardin du Sieur de Champlain.

P. La Cuisine.

Q. Place devant l'Habitation sur le bort de la Rivière.

R. La grande Rivière de Sainct Lorens.

FAC-SIMILE D'UNE CARTE DANS LES VOYAGES DE CHAMPLAIN. Edition de 1613.

Quebec.

N

500   1080   2000

pas communs.

Eng. by W. Riddle.

CARTE DE QUÉBEC ET DE SES ENVIRONS EN 1608.

Renvois qui accompagnent la carte de Québec et de ses environs en 1608.
[Voyages du Sieur de Champlain, Liv. II, Chap. 3, Edition de
1613.]

[Cette carte n'est qu'une esquisse imparfaite dans laquelle M. de
Champlain s'est attaché plutôt à décrire la position relative des objets
que leurs grandeurs et leurs distances véritables. On a ajouté quelques
notes en italiques, pour servir d'éclaircissements.]

A. Le lieu où l'habitation est bastie.

L'Eglise et le marché de la basse-ville de Québec remplacent aujour-
d'hui cette première demeure fixe des Français en Canada.

B. Terre deffrichée où l'on seme du bled et autres grains.

Ce serait à-peu-près le site occupé maintenant par l'église des angli-
cans, la salle d'audience, et leurs environs.

C. Les Jardinages.

Terrains qui se trouvent autour de l'habitation de 1608 et au bas
du Cap-Diamant.

D. Petit ruisseau qui vient dedans les marescages.

Le même ruisseau est représenté dans le plan de la ville de Québec
qui se trouve dans l'Histoire de la Nouvelle-France par le P.
Charlevoix, Tom. III. page 72. Les " marescages " étaient situés
au pied des glacis actuels ; le ruisseau roulait (comme il coule
encore aujourd'hui, mais dans des canaux fermés) le long des

rues St. Louis, du Parloir, des Jardins, et de la Fabrique;
delà traversant le jardin de l'Hôtel-Dieu, il allait se jeter au pied
du Cap à l'endroit occupé maintenant par l'ancienne brasserie
McCallum.

E. Rivière où hyverna Jacques Quartier, qui de son temps la nomma
    Saincte Croix, que l'on a tranférée à 15 lieues au-dessus de
    Quebecq.

C'est la Rivière St. Charles ; la petite Rivière Lairet qui s'y jette à
environ quinze cent verges au-dessus du Pont Dorchester actuel,
n'est pas représentée sur la carte de M. de Champlain. Ce fut à
l'entrée de cette rivière, comme on le démontrera ci-après, que
Jacques Quartier hiverna en 1535—36.

F. Ruisseau des Marais.

Ce doit être le ruisseau qui borne actuellement, du côté de l'est, les
terres de la Vacherie.

G. Le lieu où l'on amassoit des herbages pour le bestail qu'on y
    avoit mené.

Probablement l'espace occupé par les maisons actuelles du Cap, au
bas de la Citadelle.

H. Le grand Saut de Montmorency qui descent de plus de vingt-
    cinq brasses de haut dans la rivière.

Cette chute a 240 pieds ou 40 brasses de hauteur.

I. Bout de l'Isle d'Orléans.

L. Pointe fort estroite du costé de l'Orient de Quebecq.

La Pointe-Lévi, autrefois nommée le Cap de Lévi.

M. Rivière Bruyante, qui va aux Etchemains.

Les Etchemins étaient une tribu sauvage qui descendaient à Québec
par la rivière qui porte encore leur nom.

N. La grande rivière St. Laurens.

O. Lac de la Rivière Bruyante.

Ce lac n'existe pas.

P. Montaignes qui sont dans les terres.   Baye que j'ai nommée la Nouvelle Biscaye.

M. de Champlain parle ici du magnifique bassin formé par la côte de Beauport, la Canardière, l'embouchure du St. Charles et le Cap-Diamant. Les montagnes qui dominent le fleuve dans cette partie de son cours, offrent en petit le même coup-d'œil que celles de la Biscaye en Espagne.

Q. Lac du grand Saut de Montmorency.

M. de Champlain a pu facilement croire que le Montmorency traversait le lac de Beauport ou quelque autre lac dans la même direction.

R. Ruisseau de l'Ours.

Aujourd'hui la rivière de Beauport, sur laquelle on voit une distillerie.

S. Ruisseau du Gendre.

Petit cours d'eau qui fait tourner le moulin de N. D. des Anges.

T. Prairies qui sont inondées des eaux à toutes les marées.

V. Mont du Gas fort haut, sur le bort de la rivière.

La Citadelle : on conjecture que M. de Champlain aura ainsi nommé cette éminence en l'honneur de Pierre Du Guas, Sieur de Monts, nommé Lieutenant-général pour le Roi en la Nouvelle France en 1603. Le Sieur de Monts et M. de Champlain firent ensemble la découverte de presque toutes les côtes de l'Acadie en 1606 et en 1607.

X. Ruisseau courant, propre à faire toutes sortes de moulins.

Le ruisseau St. Denis, qui se précipite le long de la déclivité par où le général Wolfe avec son armée atteignit les plaines d'Abraham. Un moulin à foulons, construit autrefois ici, fit donner à la localité le nom qu'elle porte maintenant (" Les Foulons").

Y. Coste de gravier, où il se trouve quantité de diamants, un peu meilleurs que ceux d'Alençon.

Ces diamants sont d'assez beaux cristaux de quartz que l'on trouve souvent parmi les rochers du Cap.

Z. La Pointe aux Diamants.

La Pointe-à-Puiseaux ; en 1637, un M. de Puiseaux y bâtit une maison de pierres, dont il existait encore des restes il y a peu d'années. Les Dames religieuses de l'Hôtel-Dieu habitèrent pendant quelque temps cet édifice lors de leur arrivée en Canada.

9. Lieux où souvent cabannent les Sauvages.

Les chiffres montrent les brasses d'eau.

[La carte de M. de Champlain représente des pêches tendues, un chasseur sur la grève, et une petite baleine qui joue au milieu du bassin. C'est une manière naïve de dire que la chasse et la pêche étaient alors très-abondantes, et que de gros animaux marins pénétraient de temps en temps dans le fleuve jusqu'à cette distance de la mer.]

DU LIEU OU JACQUES QUARTIER HIVERNA EN 1535-36.

Extraits de quelques anciens Historiens relativement à la RIVIERE STE. CROIX *où Jacques Quartier se fortifia et mit ses vaisseaux en hivernement.*

M. SAMUEL DE CHAMPLAIN.

" Plus proche du dit Quebecq, y a une petite rivière qui vient de-
" dans les terres d'un lac distant de notre habitation de six à sept
" lieues (¹). Je tiens que dans cette rivière qui est au Nort et un
" quart du Norouest de nostre habitation, ce fut le lieu où Jacques
" Quartier yverna, d'autant qu'il y a encores à une lieuë dans la rivière
" des vestiges comme d'une cheminée, dont on a trouvé le fondement,
" et apparence d'y avoir eu des fossez autour de leur logement, qui
" estoit petit. Nous trouvasmes ausssi de grandes pièces de bois es-
" carries, et quelques 3 ou 4 balles de canon (²). Toutes ces choses
" monstrent évidemment que ça esté une habitation, laquelle a esté fon-
" dée par des Chrestiens : et ce qui me fait dire et croire que c'est
" Jacques Quartier, c'est qu'il ne se trouve point qu'aucun aye yverné
" ny basty en ces lieux que le dit Jacques Quartier au temps de ses

(¹) C'est la rivière *St. Charles* d'aujourd'hui ; elle tire en effet sa source d'un lac qui porte le même nom, et qui est situé à environ sept lieues à l'ouest de Québec.

(²) On aperçoit encore aujourd'hui sur la rive gauche de la petite rivière *Lairet*, à l'endroit où elle tombe dans la rivière St. Charles, des traces visibles de larges fossés, ou espèces de retranchemens.

" découvertures, et falloit, à mon jugement, que ce lieu s'appellast
" Sainte Croix, comme il l'avoit nommé, que l'on a transféré depuis
" à un autre lieu qui est à 15 lieues de nostre habitation à l'Ouest (³),
" et n'y a pas d'apparence qu'il eut yverné en ce lieu que maintenant on
" appelle Sainte Croix, n'y en d'autres : d'autant qu'en ce chemin il
" n'y a rivière ny autres lieux capables de tenir vaisseaux, si ce n'est la
" grande rivière, ou celle dont j'ai parlé ci-dessus, où de basse mer y a
" demie brasse d'eau, force rochers et un banc à son entrée (⁴). Car
" de tenir des vaisseaux dans la grande rivière, où il y a de grands
" courans, marées et glaces qui charient en yver, ils courroient risque
" de se perdre ; aussi qu'il y a une pointe de sable qui advance sur la ri-
" vière, (⁵) qui est remplie de rochers, parmi lesquels nous avons trouvé
" depuis trois ans un passage qui n'avoit point encore esté descouvert :
" mais pour le passer il faut bien prendre son temps, à cause des pointes et
" dangers qui y sont (⁶). Ce lieu est à descouvert des vents de Norouest

(³) On voit que du temps même de M. de Champlain la tradition avait placé le lieu où séjourna Jacques Quartier pendant l'hiver de 1535--36, à un endroit sur le côté sud du fleuve St. Laurent, auquel on donna alors, pour cette raison, le nom de *Ste. Croix*. Cet endroit est situé à douze lieues audessus de Québec ; on l'appelle aujourd'hui la *Pointe de Ste. Croix* ou le *Platon de Ste. Croix.* Il n'y a aucune rivière dans cet endroit ni dans ses environs, et ce fait seul, à part des autres raisons données par M. de Champlain, aurait dû démontrer aux partisans de cette tradition qu'elle se trouvait en contradiction avec la Relation de Jacques Quartier, laquelle dit expressément qu'il plaça ses vaisseaux " dans une petite rivière qui vient du nord." Aussi par la suite, mais postérieurement à l'époque où M. de Champlain publia ses voyages, a-t-on transféré de nouveau le prétendu lieu de l'hivernement de Jacques Quartier en le plaçant au nord du fleuve, c'est-à-dire, à une rivière située à dix lieues plus haut que Québec. Delà le nom de *Jacques Quartier*, qu'elle a conservé jusqu'aujourd'hui.

(⁴) Du temps de M. de Champlain le lit de la rivière St. Charles était embarrassé de rochers énormes, dont beaucoup furent employés vers 1755 à la construction d'une digue pour mettre en sureté les bateaux du roi. Depuis plusieurs années cette digue n'est plus visible, étant comprise dans la longueur des quais qui s'avancent maintenant jusqu'au chenal de la rivière. Le " banc " dont il est ici question est probablement la pointe ou batture du bout de l'Isle d'Orléans, qui s'avance fort loin vers la chute de Montmorency.

(⁵) Cette " pointe de sable" est la Pointe de Ste. Croix ou le Platon de Ste. Croix. Voici ce qu'en dit M. de Champlain dans une autre partie de cette relation : " Nous " passames proche de la Pointe de Ste. Croix, où beaucoup tiennent (comme j'ay dit " ailleurs) estre la demeure où yverna Jacques Quartier. Cette pointe est de sable, qui " advance quelque peu dans la rivière, à l'ouvert du Norouest qui bat dessus."

(⁶) C'est le rapide du *Richelieu* qui est en effet rempli de rochers, et le chenal en cet endroit est tortueux et difficile à suivre.

" et la rivière y court comme si c'était un Saut d'eau, (⁷) et y perd de
" deux brasses et demie. Il ne s'y voit aucune apparence de bastimens,
" ny qu'un homme de jugement voulut s'establir en cet endroit, y en
" ayant beaucoup d'autres meilleurs quand on serait forcé de demeurer.
" J'ay bien voulu traicter de cecy, d'autant qu'il y en a beaucoup qui
" croyent que ce lieu fut la résidence du dit Jacques Quartier ; ce que
" je ne croy pas pour les raisons ci-dessus : car le dit Quartier en eut
" aussi bien fait le discours pour le laisser à la postérité comme il l'a fait
" de tout ce qu'il a vu et descouvert, et soustiens que mon dire est vé-
" ritable : ce qui peut se prouver par l'histoire qu'il en a escrite.

" Et pour monstrer encore que ce lieu que maintenant on appelle
" Saincte Croix n'est le lieu où yverna Jacques Quartier, comme la
" pluspart estiment, voicy ce qu'il en dit en ses descouvertures, extrait
" de son Histoire, à sçavoir : Qu'il arriva à l'Isle aux Coudres le 5e
" Septembre en l'an 1535, qu'il appella de ce nom pour y en avoir,
" auquel lieu il y a grand courant de marée, et dit qu'elle contient trois
" lieues de long, mais quand on comptera lieue et demie, c'est beaucoup.

" Et le 7e de ce mois, jour de Nostre-Dame, il partit d'icelle pour
" aller à mont le fleuve, où il vit 14 Isles distantes de l'Isle aux
" Coudres de 7 à 8 lieues du Su. En ce compte il s'esgare un peu,
" car il n'y en a pas plus de trois, et dit que le lieu où sont les Isles
" susdites est le commencement de la terre ou province de Canada, (⁸) et
" qu'il arriva à une Isle de 10 lieues de long et 5 de large, où il se fait
" une grande pescherie de poisson, comme de fait elle est fort abon-
" dante, principalement en esturgeon : mais de ce qui est de sa lon-
" gueur elle n'a pas plus de six lieues et deux de large, chose mainte-
" nant assez cogneue (⁹). Il dit aussi qu'il mouilla l'ancre entre icelle isle
" et la terre du Nort, qui est le plus petit passage et dangéreux, et là

(¹) Le Rapide du Richelieu.

(⁸) Du temps de Jacques Quartier les sauvages ne donnaient en effet au pays le nom
de *Canada* qu'à partir du *Cap Tourmente,* où l'eau du fleuve St. Laurent commence à
être douce.

(⁹) M. de Champlain donne ici à l'Île d'Orléans sa véritable étendue.

P

" mit deux sauvages à terre qu'il avait amenez en France (10), et qu'à-
" près avoir arresté en ce lieu quelque temps avec les peuples du pays il
" fit admener ses barques, et passa outre à mont le dit fleuve avec le
" flot pour chercher havre et lieu de seureté pour mettre les navires, et
" qu'ils furent outre le fleuve costoyant la dite isle contenant 10 lieues
" comme il met (11), où au bout ils trouvèrent un affour d'eau (12) fort
" beau et plaisant, auquel il y a une petite rivière et havre de barre, qu'ils
" trouvèrent fort propre pour mettre leurs vaisseaux à couvert, et le
" nommèrent Saincte Croix, pour y estre arrivez ce jour là, lequel lieu
" s'appeloit au temps et voyage du dit Quartier *Stadaca*, (13) que main-
" tenant nous appelons Quebecq, et qu'après qu'il eust recogneu ce lieu,
" il retourna querir ses vaisseaux pour y yverner.

" Or, est-il donc à juger, que de l'Isle aux Coudres jusques à l'Isle
" d'Orléans, il n'y a que 5 lieues, au bout de laquelle vers l'Occident
" la rivière est fort spacieuse, et n'y a au dit affour, comme l'appelle
" Quartier, aucune rivière que celle qu'il nomma Saincte Croix, dis-
" tante de l'Isle d'Orléans d'une bonne lieue, où de basse mer n'y a
" que demie brasse d'eau, et est fort dangereuse en son entrée pour
" vaisseaux, y ayant quantité d'esprons qui sont rochers espars, par cy par
" là (14), et faut balliser pour entrer dedans (15), où de plaine mer, comme
" j'ai dict, il y a 3 brasses d'eau, et aux grandes marées 4 brasses, et 4
" et demie ordinairement à plain flot, et n'est qu'à 1500 pas de nostre
" habitation, qui est plus à mont dans la dite rivière ; et n'y a autre
" rivière, comme j'ay dit, depuis le lieu que maintenant on appelle

(10) Ce sont les deux sauvages, *Taiguragny* et *Domagaya* que Quartier avait emmenés en France l'année précédente (en 1534).

(11) C'est-à-dire, l'étendue que Jacques Quartier donnait à cette ile.

(12) " Affour " ou " affoure," vieux mot qui signifie une baie, ou un bassin, et qui
désigne bien l'entrée de la rivière St. Charles.

(13) Ceci n'est pas exact : Quartier dit que le village de *Stadaca* ou *Stadaconé*
était " à une demie lieue de la rivière Ste. Croix " (St. Charles).

(14) Voyez la note (4) où il est aussi question de cet endroit.

(15) Quartier s'était servi de ce moyen. Voyez p. 35.

" Saincte Croix, où on puisse mettre aucuns vaisseaux ; ce ne sont que
" de petits ruisseaux ; les costes sont plates et dangéreuses, dont
" Quartier ne fait aucune mention que jusques à ce qu'il partit du lieu
" de Saincte Croix appelé maintenant Quebecq, où il laissa ses vais-
" seaux, et y fit édifier son habitation, comme on peut le voir ainsi qu'il
" s'ensuit.

" Le 19e Septembre il partit de Saincte Croix où estoient ses vais-
" seaux, et fit voile pour aller avec la marée à mont le dit fleuve qu'ils
" trouvèrent fort agréable, tant pour les bois, vignes et habitations qu'il
" y avoit de son temps, qu'autres choses : et furent poser l'ancre à
" vingt cinq lieues de l'entrée de la terre du Canada ([16]), qui est
" au bout de l'Isle d'Orléans du costé de l'orient, ainsi appelée
" par le dit Quartier. Ce qu'on appelle aujourd'hui Ste. Croix
" s'appelait lors *Achelacy*, destroit de la rivière, fort courant et
" dangéreux, tant pour les rochers qu'autres choses, et où ne peut passer
" que de flot, distant de Quebecq et de la rivière où yverna le dit Quar-
" tier 15 lieues.

" Or, en toute ceste rivière n'y a destroit depuis Quebecq jusques au
" grand saut, qu'en ce lieu que maintenant on appelle Saincte Croix ([17]),
" où on a transferé ce nom d'un lieu ([18]) à un autre qui est fort dangé-
" reux([19]), comme j'ai descript : et appert fort clairement par son discours
" que ce n'est point le lieu de son habitation, comme dit est, et que ce fut
" proche de Quebecq, et qu'aucun n'avoit encore recherché ceste parti-
" cularité, sinon ce que j'ay fait en mes voyages ; car dès la première
" fois qu'on me dit qu'il avoit habité en ce lieu, cela m'estonna fort, ne
" voyant apparence de rivière pour mettre vaisseaux, comme il descrit.
" Ce fut ce qui m'en fit faire exacte recherche pour en lever le soubçon
" et doubte à beaucoup.

CHAMPLAIN.—Voyages, de 1604 à 1613. Liv. II, Chap. IV, pp. 184 — 191. Edition in-4, imprimée àParis, chez Jean Berjon, 1613.

([16]) Ou du Cap Tourmente.

([17]) Le Platon de Ste. Croix.

([18]) La rivière St. Charles.

([19]) Le Platon de Ste. Croix.

[Le discours plein d'intérêt qui précède et que l'on a extrait de la rare
édition des voyages de M. de Champlain publiée en 1613, se trouve entièrement supprimée dans une édition subséquente, publiée en 1632,
sous ce titre : *Les voyages de la Nouvelle France Occidentale dicte Ca-*
nada, faits par le Sieur de Champlain, &c. et toutes les descouvertures
qu'il a faites en ce païs depuis l'an 1603 jusques en l'an 1629. Paris,
chez Claude Collet, 1632. In-4. — Cette dernière édition ne donne
qu'un récit abrégé de l'arrivée de Jacques Quartier au Canada et de son
établissement à la rivière Ste. Croix en 1535 ; on y trouve néanmoins un passage qui indique le lieu précis de son hivernement en
1535 – 36.]

" Les commissions expédiées, Sa Majesté donna la charge au dit
" Quartier, qui se met en mer avec deux vaisseaux (²⁰) le 16 May 1535,
" et navige si heureusement qu'il aborde dans le golfe Sainct Laurent,
" entre dans la rivière avec ses vaisseaux du port de 800 tonneaux (²¹), et
" fait si bien qu'il arrive jusques à une isle qu'il nomma l'Isle d'Orléans,
" à cent vingt lieues à mont le fleuve. De là va à quelques dix lieues du
" bout d'amont du dit fleuve à une petite rivière qui assèche presque de
" basse mer, qu'il nomma Saincte Croix, pour y estre arrivé le jour de
" l'Exaltation de Saincte Croix : lieu qui s'appelle maintenant la ri-
" vière St. Charles, sur laquelle à présent sont logez les Pères Récollets
" et les Pères Jésuites (²²), pour y faire un séminaire à instruire la
" jeunesse.

" Quartier ayant recogneu, selon son rapport, la difficulté de pouvoir
" passer les Saults, et comme estant impossible, s'en retourna où es-

(²⁰) La flotte de Jacques Quartier était de trois vaisseaux ; la *Grande Hermine* de
120 tonneaux, la *Petite Hermine* de 60 tonneaux, et le gallion, appelé l'*Emérillon*, de
40 tonneaux.

(²¹) Le port de ces trois vaisseaux ensemble n'était que de 220 tonneaux.

(²²) Les Récollets arrivèrent dans la Nouvelle-France en 1615. Les Jésuites ne
vinrent qu'en 1625, et en 1627 ces Pères commencèrent un établissement sur la rive

" toient ses vaisseaux, où le temps et la saison le pressèrent de telle fa-
" çon, qu'il fut contraint d'yverner en la rivière Saincte Croix, en un
" endroit où maintenant les Pères Jésuites ont leur demeure sur le bord
" d'une autre petite rivière qui se décharge dans celle de Saincte Croix,
" appelée la Rivière de Jacques Quartier (²³), comme ses relations en
" font foy."

CHAMPLAIN.—Voyages, de 1603 à 1629. Liv. I, Chap. I. pp. 10e et 11e. Edition in-4,
imprimée à Paris chez Claude Collet, 1632.

JEAN DE LAET.

" Avant de poursuivre la description du fleuve du Canada et ses ri-
" vages, selon la description des plus modernes écrivains, il ne sera
" point hors de propos de renouveller la mémoire des plus vieux, et de
" représenter ce que Jacques Quartier y a remarqué. Iceluy donc
" comme il fut monté avec ses navires jusqu'à l'Isle de Bacchus, pour le
" jourd'huy l'Isle d'Orléans, estant un peu plus avancé vers l'Ouest, il
" rencontra un port fort commode, où il mouilla l'ancre, et lui donna
" le nom de Sainte Croix. (Champlain s'efforce par plusieurs raisons de
" prouver que ce lieu est maintenant appelé Québec (²⁴), d'autres sont
" d'une autre opinion,) où pour lors les Sauvages avoient une habitation
" et un village nommé *Stadaca* ou *Stadaconé* : et ayant à cause de l'ap-

droite de la petite rivière Lairet, à l'endroit où elle tombe dans la rivière St. Charles.
Le passage suivant extrait de l'*Histoire du Canada* par le P. Sagard, Récollet, prouve
que le lieu choisi par les Jésuites était dès lors connu sous le nom de *Fort de Jacques
Quartier.* " Et en l'an 1627, les Récollets prêtèrent aux Jésuites une charpente pour
" estre employée au bastiment qu'ils avoient commencé au delà de la petite rivière
" (St. Charles), à sept ou huit cens pas de nous en un lieu que l'on appelle commu-
" nément le Fort de Jacques Quartier." — SAGARD, Hist. du Canada, p. 867.

(²³) Ainsi, l'on voit qu'à l'époque où M. de Champlain publiait cette édition de
ses voyages (en 1632), la petite rivière Lairet était appelée la *Rivière de Jacques
Quartier*, et que dès 1627 (voyez la note précédente) le site qui est à l'embouchure
de cette même rivière était connu sous le nom de *Fort de Jacques Quartier*.

(²⁴) M. de Champlain s'est plutôt attaché à prouver que ce ne fut pas au sud du
fleuve St. Laurent, et à quinze lieues audessus de Québec, que Jacques Quartier hiverna

" proche de l'automne donné ordre pour y bastir une maison pour y
" hyverner, pendant que les ouvriers avançoient la besogne, il entre-
" prit le 19ᵉ Septembre 1535 de visiter avec quelques uns de ses gens
" la rivière plus avant."

JEAN DE LAET.—Histoire du Nouveau Monde, Livre II, p. 46, édition de 1641.

" A quinze lieues de Québec vers l'ouest, sur l'autre côté de la ri-
" vière, y a un autre coin, lequel on appelle encore pour le jourd'huy
" Sainte Croix qui est le lieu (comme l'on croit) où Quartier hyverna,
" encore que ce soit un lieu tout sablonneux ([25]), et exposé à la rigueur
" du nord-ouest, et où les prairies voisines sont couvertes d'eau à haute
" marée, et qu'on peut peut même difficilement aborder, à cause des
" bancs de rochers et de la rapidité du fleuve." ([26])

IDEM.— Livre II, p. 48.

M. BACQUEVILLE DE LA POTHERIE.

" Québec est au bout de l'Isle d'Orléans, à deux lieues dans le sud-
" ouest. Il y a une petite rivière à une demie lieue de là, appelée
" *Cabir-Coubat* par les Sauvages, à raison des tours et détours qu'elle
" fait. Jacques Cartier lui donna le nom de Ste. Croix, parcequ'il y
" arriva un pareil jour. C'est le premier endroit où il ait hyverné ([27]).
" Elle s'appelle présentement St. Charles, en mémoire de M. Charles
" des Boues, grand vicaire de Pontoise, fondateur de la première mis-

en 1535—36, à l'entrée d'une rivière située dans le voisinage de Québec, et qui vient
du nord ; rivière à laquelle Jacques Quartier avait donné le nom de " Ste. Croix."

([25]) Voyez la note 5.

([26]) Voyez la note 6.

([27]) M. de la Potherie décrit ici en peu de mots et d'une manière fort exacte le lieu
de l'hivernement de Jacques Quartier.

" sion des Récollets de la Nouvelle-France. Ils y bâtirent en 1620, un
" convent sous le titre de Notre Dame des Anges, dans une espèce de
" petite Isle où de très belles eaux serpentent. Monseigneur l'Evêque
" (St. Vallier) a acheté cet emplacement de ces Religieux où il a mis
" des Hospitalières qui y ont soin de l'Hopital Général qu'on y a bâti
" avec une grande magnificence."

LA POTHERIE.—Voyages de l'Amérique, Tome I, p. 124. Edition de 1722.

" Jacques Cartier, pilote de Saint Malo, visita en 1534, toutes les
" côtes de ce vaste païs ([28]), et six ans après il hiverna avec Roberval,
" gentilhomme de Picardie, à dix lieues au-dessus de Québec ([29]), qui
" est encore connue sous son nom." ([30])

IDEM.— Tome I, p. 140.

" La rivière de Jacques Cartier est proche des Grondines ; son en-
" trée est remplie de rochers à fleur d'eau. Je touchai un jour à ma-
" rée basse sur un qui étoit fort pointu. J'étais heureusement dans un
" canot de bois, et je courus grand risque de me noyer . . . Comme
" Jacques Quartier tentoit dans ses premières découvertes tous les plus
" beaux endroits du fleuve, il y fit malheureusement naufrage, et fut
" contraint d'y passer un hyver bien rigoureux ([31]).

" Le Platon de Ste. Croix est un peu plus haut du côté du Sud ;
" c'est une langue de terre qui est comme un fer à cheval, de seize

---

([28]) Cette partie de la relation de M. de la Potherie n'est pas exacte. Jacques
Quartier ne remonta le fleuve en 1534 que jusqu'à l'Ile d'Anticosti. Ce ne fut qu'en
1535 qu'il se rendit jusqu'à Québec, et delà à *Hochelaga* (Montréal).

([29]) Dans un troisième voyage que Jacques Quartier fit au Canada en 1540, il paraît
avoir hiverné à la rivière du *Cap-Rouge* qui est à environ trois lieues au dessus de Québec. M. de Roberval ne vint en Canada qu'en 1542, sans être accompagné de Quartier.

([30]) Il est probable que l'auteur disait " dans une rivière qui est encore connue sous
ce nom " et que les mots " dans une rivière " auront été omis dans l'impression.

([31]) M. de la Potherie est le premier qui ait fait mention d'un naufrage arrivé à
Jacques Quartier dans le fleuve St. Laurent, les relations que nous avons de ce navigateur n'en disent pas un seul mot. L'histoire de ce prétendu naufrage tire peut-être

" arpens en superficie, au pied d'une petite montagne faite en amphi-
" téâtre sur le sommet de laquelle est un païs plat, où sont les cam-
" pagnes de bled. Jacques Cartier jetta les yeux sur ce lieu pour y
" faire une ville ([32]).

IDEM.—Tome I, p. 282.

LE R. P. DE CHARLEVOIX.

" De l'Isle de *Bacchus* (l'Isle d'Orléans) Cartier se rendit dans une
" petite rivière, qui en est éloignée de dix lieues, et qui vient du nord ;
" il la nomma la rivière de Ste. Croix, parcequ'il y entra le quatorzième
" de Septembre : on l'appelle communément la rivière de Jacques Car-
" tier ([33]).

CHARLEVOIX.—Hist. de la Nouv. France, Tome I, p. 12. Edit. in-4, 1744.

" Cartier partit de Ste. Croix le 19e (Septembre) avec la grande
" Hermine, et deux chaloupes, laissant les deux autres navires dans la

---

sa source de la circonstance fâcheuse où se trouva Jacques Quartier durant son hivernement en 1535 lorsqu'ayant perdu par le scorbut vingt-cinq hommes d'équipage, il se
vit contraint d'abandonner un de ses vaisseaux, la Petite Hermine, aux sauvages d'un
village voisin, appelé *Satadin* ou *Sitadin*.—Voyez p. 62.

([32]) Ce passage se rapporte d'une manière confuse au prétendu hivernement de
Jacques Quartier à la Pointe ou Platon de Ste. Croix.

([33]) Il faut penser que le R. P. de Charlevoix en rédigeant ce passage n'avait pas
sous les yeux la relation de Jacques Quartier ou bien qu'il aura travaillé d'après des
mémoires peu exacts ; car la description que ce navigateur nous donne du lieu où était
située la rivière Ste. Croix est conçue en termes si clairs et précis qu'il est impossible
de s'y méprendre . " Et au bout d'icelle (l'Ile d'Orléans) trouvâsmes un affourc
d'eau fort beau et plaisant, auquel lieu y a une petite rivière . . . nous nommasmes
le dit lieu Ste. Croix, &c.—Voyez p. 34. Aucun mot de ce passage ne peut faire entendre que la rivière de Ste. Croix était éloignée de dix lieues de l'Ile d'Orléans, puis-
qu'il y est dit d'une manière positive que cette rivière était *au bout de l'Isle.*

" rivière de Ste. Croix (³⁴), où la grande Hermine n'avoit pu entrer (ᵃ).

" (ᵃ) Champlain prétend que cette rivière est celle de St. Charles ;
" mais il se trompe, puisque des bâtimens beaucoup plus grands que la
" grande Hermine, entrent fort bien dans celle-ci quand la marée est
" haute (³⁵) : c'est qu'il comptoit les dix lieues du bas de l'Isle (³⁶).

IDEM.—Tome I, p. 12.

" Je trouve dans quelques Mémoires, et c'est une tradition constante
" en Canada (³⁷) qu'un des trois navires fut brisé contre un rocher, qui
" est dans le fleuve St. Laurent, vis-à-vis de la rivière de Sainte Croix, et
" que la marée couvre entièrement lorsqu'elle est haute (ᵇ) ; mais la
" relation d'où j'ai tiré ce récit, ne dit rien de cet accident."

" (ᵇ) On l'appelle encore présentement *la roche de Jacques Cartier.*"

IDEM.—Tome I, p. 13.

(³⁴) Le R. P. de Charlevoix a dû puiser encore ici à quelque source peu correcte,
car la relation de Jacques Quartier dit expressément le contraire : " Le seizième du
" dit mois, (Septembre) nous mismes *nos deux plus grands navires* (la Grande Her-
" mine et la Petite Hermine) *dedans le dit hâble et rivière,* où il y a de plaine mer
" trois brasses, et de basse eau demie brasse, *et fut laissé le Gallion* (l'Emérillon)
" *dedans la rade pour mener à Hochelaga.*"—(Voyez p. 36.) " Le lendemain 19ᵉ jour
" du dit mois de Septembre, nous appareillasmes et fismes voile *avec le Gallion* et les
" deux barques (chaloupes). — Voyez p. 39.

(³⁵) M. de Champlain a dû prétendre que cette rivière de Ste. Croix était celle de
St. Charles ; mais il n'a parlé nulle part dans sa relation de la difficulté qu'il y avait
de placer soit la Grande Hermine soit les autres vaisseaux dans la rivière en question.

(³⁶) M. de Champlain était bien fondé " à compter les dix lieues du bas de l'Isle "
(l'Ile d'Orléans), et en cela il a parfaitement compris le récit de Jacques Quartier :
" Et fusmes outre le dit fleuve *environ dix lieues, costoyans la dite Isle* (à laquelle il
" donnait dix lieues) *et au bout d'icelle, &c.*—Voyez p. 34.

(³⁷) Quant à " la tradition constante " dont il est ici parlé, on peut y opposer le
silence absolu qui règne dans tout le cours des relations de Jacques Quartier à l'égard de
ce prétendu naufrage, dont il n'aurait pas manqué de faire mention si un pareil malheur
lui fut arrivé.

FIN.

TABLE

DES MATIERES CONTENUES DANS CE VOLUME.

～～～～～

CHAP. VI.

CHAP. VII.

CHAP. VIII.

CHAP. IX.

CHAP. X.

CHAP. XI.

CHAP. XII.

CHAP. XIII.

CHAP. XIV.

CHAP. XV.

CHAP. XVI.

CHAP. XVII.

CHAP. XVIII.

CHAP. XIX.

CHAP. XX.

R

www.ingramcontent.com/pod-product-compliance
Lightning Source LLC
Chambersburg PA
CBHW051727090426

42738CB00010B/2120